肆：導讀 個體化

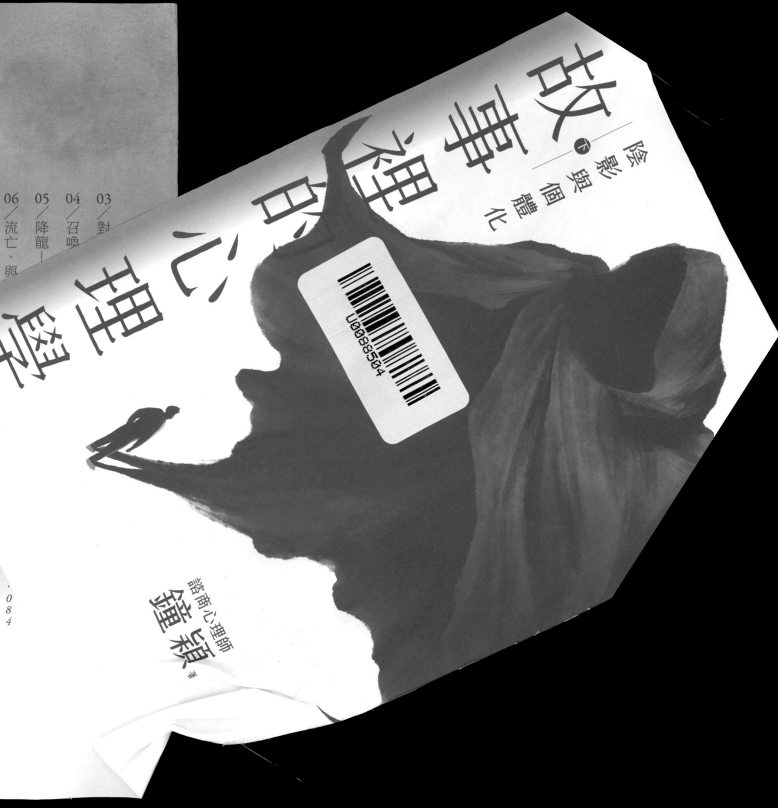

故事裡的心理學（下）

陰影與個體化

諮商心理師 鐘穎 著

參：導讀 陰影

伍：結語

參：陰影

陰影是那些被排斥的人格面向、劣勢心理功能等事物人格化後的產物。它同時也是在我們的成長過程中，因為社會化與道德倫理的要求而被拒絕的自我認同的一部分。因為如此，陰影永遠會尋求回歸，在意識自我鬆懈的時候，我們總是會覺察到白天被我們否認的那個情感和衝動。與陰影互相對偶的是我們的「人格面具」（persona），它的功能好比商店街的櫥窗，總是以它最美好動

深度心理學小學堂 12：人格面具

人格面具是與「陰影」兩兩成對的原型，如果陰影是我們自我的背光面，人格面具便是自我的向光面。從其原文 persona 中可知道，它是英文裡「人格」（personality）一字的字根，易言之，人格就是我們的面具，是我們在後天的教養中慢慢形塑來的。符合社會規範和期待的會留下來，不符合的則被壓抑至暗處形成了陰影。過度認同面具會使人失去活力，但面具發展不全也會讓人難以融入社會。

人的那一面示人。它永遠想要個名字，而且尋求更多的自我肯定，例如：某主任、某經理、某董事，總之，它牢牢地抓住某個稱號，並形塑我們的自我認同。

人格中的光與暗

人格面具的完善是我們中年以前念茲在茲的生活目標，然而受光面越大的東西，背後的陰影往往也越大。美麗外表的背後掩蓋著陳腐之物亦是所在多有，這樣的事並不新鮮。榮格相信，潛意識總是尋求補償，過度認同自我面具的人，心裡常常潛藏著許多令人料想不到的事物。在許多神話裡，光明內部總是蘊藏著黑暗之源，其理如此。

許多文學作品都曾捕捉過人內在的分裂現象。當中最知名的非《化身博士》與《地海巫師》莫屬，而恐怖文學大師愛倫・坡的《黑貓》則是陰影投射出去外界的結果，結果是造成了悲劇。《化身博士》裡的海德先生成為了當代著名動漫及電影人物綠巨人浩克的原型，我們將在本章的第一部分討論這個故事，以期讀者對陰影的作用與形成有所瞭解。

PART — 5

《化身博士》

自我分裂

01

化身博士——自我中的光與影

故事梗概

律師厄特森先生收到了好友傑奇博士的生前遺囑，遺囑中註明，如果擁有醫學博士、民法博士、法律博士、皇家學會研究員等頭銜的亨利・傑奇因故去世或失聯超過三個月的話，所有的財產都將轉贈給「他的朋友及受益人愛德華・海德（Hyde）」。厄特森先生覺得這份文件十分礙眼，不僅在於他原先不知道海德是誰，更令人討厭的，是他前天才從一位遠親的口中偶然得知，不知何時開始住在傑奇博士後院的海德先生是一位矮小醜陋、容貌猥瑣，同時又自私可憎的人。他覺得好友這份莫名其妙的遺囑將會毀損他的聲譽。

疑問慢慢地在他心裡擴大。自此之後，厄特森先生就經常出沒在好友家後院的那條商店街，上班前、午餐時、月色朦朧之夜，他都不放過。目的就是希望能親眼目擊這位神祕的遺囑受益人：海德先生。他心裡想，如果他是「躲藏（Hide）先生」，那我就是尋找先生（海德的英文發音與躲藏相同）。

他的耐心終於獲得了回報。在某個晴朗乾爽的午夜，他聽見遠方傳來的古怪腳步聲，他見到了一位個子矮小、長相令人反感的人。他就是海德！海德矮小、畸形，笑容惹人討厭，而且帶有某種凶殘的氣質，混合了羞怯與大膽，聲音嘶啞又不連貫。厄特森先生試著和他攀談了幾句，但他很快地就躲進屋子裡。厄特森回家的路上想著，每個人都有做過壞事的時候，或許好友傑奇被海德抓住了某些把柄？這個想法讓他害怕，開始細數自己的過去。

兩週之後，傑奇博士邀了數位好友在家中聚餐，厄特森趁機詢問設立那份遺囑的原因，但傑奇博士卻三緘其口，只希望厄特森先生照辦，同時央求他放手，對此事不再過問。這件事看似在此平息。但是一年後，倫敦卻發生了一件駭人聽聞的凶殺案。一位體面的老先生竟在夜晚的街道上，被一位矮小的男人以發狂的態度用手杖打倒在地，後者像暴怒的猩猩一樣，踐踏腳下的受害者，然後瘋狂地用手杖打死，骨骼碎裂的聲音清楚可聞。目擊者指出，加害者身材矮小，而且長相邪惡。死者是厄特森先生的客戶：丹佛斯．卡魯爵士。斷裂被棄置的手杖則是厄特森當年送給傑奇的禮物。警方循線找到了傑奇家中，認定寓居此處的海德先生涉有重嫌，但此後他卻人間蒸發了。

在那之前，一直以來都很熱衷於社交生活的傑奇博士不知為何過著深居簡出的日子，但隨著海德的消失，他又重新回復了原本的生活，不再與世隔絕，重新與朋友往來。他一向以熱心公益聞名，如今也同樣投入。但兩個多月後，傑奇故態復萌，又躲回了孤獨之中。

某天晚上，傑奇博士的管家普爾急忙拜訪，他告訴厄特森，家裡發生了一樁陰謀。厄特森趕忙前往，這才知道傑奇博士已經把自己關在房間八天，但他的聲音並不是這二十年來家中僕人所熟悉的聲音，他們深信，主人已經慘遭不測。這數天來，僅有紙條從門縫遞出來，命令他們去購買特定的藥品，擺在門口的食物也只有在沒人看見的時候才偷偷拿進去。雖然如此，大家還是聽得到他在裡面暴跳如雷以及自言自語，裡頭的人曾經偷跑出來到另外的房間翻找物品，也被普爾撞見。大夥兒肯定，從聲音跟身形判斷，此人絕非傑奇博士。

故事在此進入高潮，他們決定破門而入！非得將此人逮出來不可。當他們拿起斧頭砍門的時候，裡面的人說話了：「厄特森，看在老天的分上，發發慈悲心吧！」厄特森高喊：「那是海德！撞開門！」待他們撞開門後，只見海德倒在地上痛苦地扭曲著身體，空氣中瀰漫著濃烈的果仁味，他服毒自盡了！那麼傑奇博士呢？這個房間一目了然，並沒有可以躲藏的地方，卻沒有亨利．傑奇的蹤跡。書桌上倒是擺著一個整齊的信封，裡面放了一封留給厄特森的信以及傑奇博士的自白書。厄特森趕回家中，將藍尼恩醫師的信件打開閱讀，藍尼恩早已知曉整件事的祕密，看來傑奇做了一個可怕的實驗，但最終他無法控制實驗的過程，只得尋求好友藍尼恩醫師的協助，傑奇博士就是海德先生！

故事的最終章是傑奇博士的自白書。

自白書裡寫著，我（指亨利・傑奇）天性勤勉，又自家族中繼承了龐大的財產，因此一生功成名就。但長大懂得反省之後，我開始發現自己在生活中非常虛偽。和大部分人相比，我心中那條劃分善惡的溝渠更深，也就是善與惡，分化、組合成人類的雙重天性。亨利・傑奇因此努力地想要瞭解自己的兩個面向，但越是如此，他越發現這兩種天性在他的意識中彼此爭鬥，因而他得出結論，如果能將這兩個我予以分開，就能夠把邪惡與遠大的志向相分離，兩者互不干涉。否則相異的人格被綑綁在同一具身體裡，人就只能苦苦掙扎而已。他終於發明了變身藥劑！

變身藥劑可以讓他內在的黑暗面給釋放出來，亨利・傑奇繼續說，這個新的自我長得很矮小，因為在他有生之年的九成時間都過著勤懇、高尚、自制的生活。邪惡的自我根本得不到充分的養分來成長。易言之，邪惡的自我是傑奇博士的幼稚面向。但當傑奇博士看到鏡中的醜陋形象時，「感受到的不是厭惡，而是歡迎的雀躍之情。……它看來自然、符合人性。在我眼裡，他甚至更有精神……也更獨特。」

傑奇博士越來越討厭自己生活的表裡不一，新的力量與藥劑都吸引著「我」，「最後我終於成為其奴隸。」他開始了兩種生活，白天他會在眾人真誠、充滿敬意的眼光中緩步行走，下一刻卻像個學校的頑童，扯掉這些借來的假象，一頭奔進自由的海洋中。然而海德出現的時間越長，力量就越強大，逼得傑奇博士必須不停加重劑量才能予以壓制。終於，海德殺人了。受害者便是無辜的丹佛斯・卡魯爵士，因此他不再使用變身藥水，想讓海德徹底消失。

但傑奇博士才警惕了兩個多月，很快就又忍不住陰影的誘惑了。海德出現的頻率越來越高，哪怕傑奇只要坐在椅子上稍微打個盹，海德就會現身取代他的位置，終於到了藥水也難以控制海德的地步。但是原先的藥劑不知為何無法再複製，他推定是先前的藥劑曾受莫名的汙染所致，使得正確的成分反而無法做出變身藥水。不得已，他將自己反鎖在房間內暴跳如雷，在厄特森衝進來之前，傑奇博士只能服毒自盡，帶走海德以及他的罪行。

我們內心沒有的東西不會困擾我們

故事以厄特森律師做開端，作為解謎者，厄特森的好奇無疑是帶領我們往故事主軸邁進的關鍵。好奇是孩童的重要特質，他們總是能用天真的眼光看待大人們已經熟悉的事物。所以對他們來說，生活是一種發現，但對大人而言，生活卻是一種日常的規律。這兩種態度並沒有誰對誰錯，但對只願意擁抱後者的人來說，生活未免太無趣了。因為規律雖然帶來了安全，卻抹殺了可能性。

故事一開頭就說，律師厄特森總是一本正經，臉上沒有笑容；言談之間神色侷促、內容無趣，外加反應遲鈍。這樣的人竟然會因為客戶的詭異遺囑而改變日常的習慣，自願當起了偵探的角色。或許博學高尚的傑奇博士與猥瑣自私的海德先生這樣的對比，在無意間也激起了他內心某些衝突吧！那些我們內心沒有的東西不會困擾我們，厄特森之所以好奇於那些被藏匿的東西，正說明他也對他人隱藏了某些東西。因此深度心理學認為，當我們嫌惡或氣憤某些人與事時，最好要回頭看看自己有什麼部分被它勾起。這不僅是深度心理學揭櫫的道德責任，也是每個現代人應當有的素養。否則我們就會很容易一再地在他人身上看到自己的陰影，卻渾然不覺那其實是我們自身的一部分。許多爭執與對立都是這樣造成的。

不瞭解的事物，會一再重演

與其說厄特森的直覺敏銳，不如說亨利·傑奇與海德兩人之間的印象未免太過衝突。不論是個人潛意識裡的情結還是集體潛意識中的原型，當其處於潛意識中時，其實都無所謂黑暗與光明。但當意識之光照在它們身上時，才會出現難以整合的對立。被照耀到的部分因為倫理或其他的原因會被歸類為善的、光明的、可理解的，背光的部分則會得到截然不同的認識。然而它們都是源於同一件事。

厄特森的職業是律師，也就是分辨善惡、決定對錯的人。由於職業使然，這類人的意識自我相當發達且活躍，是非黑白對他來說想必不可相容。因此他才千方百計地想要找出海德，找出真相。他所代表的正是我們的意識層面，想要分類、命名、給出定義與界線。相較於海德的躲藏，他的尋找也恰與海德成為一組對比。因此「傑奇博士—海德—厄特森」，這三個人也可被理解為「光明—黑暗—光明」這樣的結構。但前面曾提到，厄特森對黑暗的追捕必定說明他內心也藏匿著黑暗，所以這個結構應該可以被寫成「光明—黑暗—光明—（黑暗）」這樣才對。

內在的黑暗也是參與世界的動力

我在讀到這裡時，心裡想著，這個消失的第四極（亦即隱藏住的黑暗）或許可以用來解釋運作在人際關係間的大部分動力。不論是愛還是恨，我們都投射了某些東西在外界那個我愛與恨的人或物上，這麼說來，正是那個自己所不認識的黑暗讓我們深深地參與這個世界，不論是靠近還是逃離皆是如此。這對現代人來說無疑是個重要的問題，因為我們面對它的態度決定了我們對世界的態度。不瞭解內心黑暗的人，就會反覆在他人身上看見源於自己的黑暗。

例如對奉行職場倫理的父母來說，熬夜遲到就是他們的陰影，因此對孩子出現這種行為必然大感不滿。同樣地，對主張發揚個性的年輕人來說，謹小慎微就是他們的陰影，那些要求他們遵守工作倫理的職場勸世文就會引發他們的撻伐。因此世代之間的衝突與不愉快，不僅是價值觀的差異，更是雙方的陰影被投射到彼此身上的結果。能敏察到這一點的人，就在整合路上邁出了第一步。

外遇的投射心理

有趣的是，作者說當厄特森博士想到或許傑奇博士有把柄落在海德手上，才不得已在遺囑中將他列為繼承人時，他開始細數自己的過去。如果每個人都能像律師厄特森這樣，見到邪惡後反思自己的內心，或許我們最終都能直面陰影，尋求更大的整合吧！但多數時候，我們覺知到陰影的第一件事卻是否認，否認那是屬於我的一部分，在不能否認之後，我們就將之投射出去。有時外遇的原因也是如此，那些我們遺落的天真及活力面被投射在外界時，就會在第三者身上感受到那些深具魅惑與吸引力的特質。而這一切無不是久經社會制約的我們為了戴上夠格的面具而被否定的面向。狐狸精不是別的，她就是男性心中的陰影與阿尼瑪的混合體。有意思的是，在外遇的例子中，正宮也很容易將陰影投射到第三者身上，怪罪對方不應逾越感情的界線，破壞自己的婚姻。事實上，這同樣是將關係裡的挫折轉移到外界的手段。

將陰影投射出去當然很輕鬆，因為我們只需要怪罪和貶低對方就可以。這就是為什麼仇恨總是比起愛更能動員群眾，而政客總是很清楚這個道理。在《馬太福音》裡就有這麼一段話：「你為什麼看見你弟兄眼裡的木屑，卻不想自己眼裡的梁木呢？」在批評的話語說出口之前，或許我們都要更深地警覺這是否源於我內心的黑暗。因此比起其他知識，我相信一個好的公民社會更需要的反而是深度心理學的知識，才能使我們更好地凝聚整個社群。若不如此，陰影很快就會回頭引發更大的騷動。好比故事裡的海德不斷地謀求控制傑奇博士一樣。

當厄特森先生處心積慮想要使海德現身的時候，海德竟然犯下了滔天大罪，他當眾以手杖擊殺了一個老人。如果從前述提到的光明—黑暗—光明這樣的結構來看的話，厄特森對海德的逼迫自然要引起他的反撲。

內在若對立，會將自我撕扯開來

自白書裡頭說道，試驗的成功讓他「感受到一種從未體驗過的自由」，然而他卻知道這個自我更為邪惡，然而也更為快樂！這裡直接點出了一個面臨中年危機的人如何產生自我懷疑，並因此覺得自己的人生虛偽又膚淺的困局。亨利．傑奇雖然是個虛構的人物，但是他同樣罹患了許多中年男人的心病：既追求頭銜享受他人的讚譽，卻又被頭銜壓得喘不過氣。許多人因此夜不成眠。我們越從自我認同裡刪去那些不被他人認同的部分時，自我就越形渺小。但弔詭的是，人格面具需要一個龐大的自我才能支撐。人格面具越來越大越美好，而我們的自我組成卻越來越稀薄，這整件事只能像吹破的氣球，當事人逐漸感受到內心激烈的對立，最終把自己的人生撕扯開來。

變身藥劑是每個人都想擁有的神奇寶物。有了這項藥劑後，亨利．傑奇就可以隨心所欲地以另一個人格現身，做任何自己想做但平時卻不敢做的事！道貌岸然的人往往如此，他們可以在白天暢談高調，轉身之後卻吃喝嫖賭，夜夜買醉。形象破滅的政治人物與演藝人員，其巨大的落差正是對陰影過度排斥的結果。然而正如自白書的後半部所說的那樣，變身藥劑將會漸漸失去效力，陰影的力量也會越來越大，與意識的自我爭奪身體的主導權。

承認陰影，是邁向整合的第一步

人格面具永遠都是僵硬的，因為它要求刪去我們的獨特性。每種角色都只能有一種樣板，好爸爸是這個形象，好媽媽是那個形象，還有好主管、好同事、好先生、好妻子、好女兒等等，要想滿足這些完美形象，我們就得放棄自己的許多想法跟衝動。然而人格是禁不起過度刪節的，真實的人生沒有草稿，根本無法重來。如果我們想要追求「完美」，只能戰戰兢兢過日子。

這是為什麼受人敬仰的傑奇博士竟然在這個醜陋矮小的男人身上，看見了他失落已久的「獨特」。也說明了為何每個上班族都會在辦公桌下放一雙拖鞋，或者總有德高望重的教區神父深陷戀童的醜聞。那些在意識裡高聲贊同的，往往在潛意識裡被反對。反作用力與作用力一樣強勁，長久的能量累積，最後定會衝垮外表的虛偽，亨利・傑奇很清楚這些。因此他放縱海德去享受這些野蠻的樂趣，幹盡無恥卑鄙的勾當。有罪的永遠是海德，傑奇仍舊是清高的。他感到很安心。

陰影是自我拒絕的面向

深度心理學相信，那些原始的情感往往是自相矛盾的。有多少愛就有多少恨，有多少恨就有多少愛。當我們對人格面具有多少嚮往，自我的黑暗面（亦即陰影）對我們就有多少吸引力。這就是中年危機的主要原因。陰影不必然是那些被我們視為「惡」

的東西，它更是那些我們被拒絕去成為的東西。舉例來說，長年扮演母親角色的家庭主婦（人格面具）與她內在早早想要獨立創業的需求（陰影），笑臉迎人的客服人員（人格面具）與她對客戶感到憤怒的情緒（陰影）。獨立創業的需求與憤怒的情緒在道德上都不能算作一種惡，但它們之所以會淪為當事人的陰影，主因是這些需求與情緒都和他們的人格面具不相符。所以才說深度心理學要我們注意那些引起自身反感的人事物。

回到《化身博士》，傑奇博士的意識自我與陰影就這樣彼此無涉地並行下去，誰也沒有反對誰，甚至沒有想要互動的願望。這在個體化（也就是成為一個完整的人，我們在第四章會再詳述個體化的意義）之路上可說是最糟的結果。因為這代表著當事人仍然持續地過著分裂的生活。好比我們在現實生活中是一個人，但在網路的匿名保護下，又會成為另一種人一樣。陰影並不是一個抽象的概念，它是自我認同的一部分，因此它一定會不斷地越走越偏，向我們叫陣、要求人生的主導權。正因如此，作為陰影的海德先生得到了很大的滋養。藥劑開始失去效用，如果不加重劑量，海德就會從體內竄出，把傑奇博士逼走。原本的平衡被破壞了，變身能力受到威脅。許多人正是在這一刻崩潰的，他們以為自己可以把挫折的情緒控制好，實際上不可能。人格面具其實很難接受挑戰，如前所述，他們的根基立於薄弱的自我之上。海德終於殺人了，受害者就是無辜的丹佛斯．卡魯爵士。

排斥陰影的反作用力

故事裡對卡魯爵士的描述不多，但很清楚的是，他們兩人並無仇怨。那為何海德會痛下毒手呢？一方面，海德從老好人卡魯爵士身上看見了他討厭的對立面，也就是傑奇博士的身影。如此說來，人格面具也可以被視為陰影的影子，兩者之間總是水火不容。自白書裡提到，海德愉快又渾然忘我地毆打受害者，品嘗每一擊的喜悅，逃走後更為自己的罪行洋洋得意。

陰影不該否認，但也不該崇拜。但分裂的自我無法看見這一點。另一方面，海德也在不久前受到律師厄特森的注意，易言之，陰影受到光明的追捕，從而使前者表現出更為張狂的行為。

然而陰影表現張狂的目的並不僅是為了對抗，而是為了尋求注意。我們前面已經提到，陰影是自我認同的一部分，意識的自我有多用力想排斥它，反作用力就有多大。同樣的情況也發生在政治對抗中，我們越覺得敵對陣營有多惡劣，敵對陣營就會表現出多惡劣的行徑。如果一個社會裡的公民不懂得修身自持、反躬自省，或對深度心理學缺乏瞭解，很容易就陷入分裂和對抗的惡性循環裡。政治人物的社會責任就是要有意識地領導群眾走在中道，不能被過激的手段（也就是陰影）吸引。如同傑奇博士那樣，被海德的邪惡面給擄獲。

陰影的「吞噬現象」

故事入木三分地點出了陰影主題中常見的「吞噬現象」。換言之，陰影無法以逃避、壓抑或打擊來免除，越是這樣越容易遭到反撲。當人格面具已經衰弱不堪，陰影累積了足夠多的心理能量時，終於向意識自我發出最後通牒。此消彼長之下，黑暗終於取得了主導權。在安徒生童話裡就有一篇名為〈影子〉的小故事。男主角是一位聰明又具道德感的學者，某年他在度假時開玩笑地對著自己的影子說：「你應該要聰明些，走進對面的門裡看看，然後再回來把看到的東西告訴我。」因為對面似乎住著一位美麗的姑娘，卻無法認識她。他一邊催促著影子離開，一邊說：「去了就別再回來啦！」當他站起身來走回房間時，那影子竟然就離開了男主角，走進了對面的房子裡。

安徒生（Hans Christian Andersen,1805－1875）是丹麥的作家與詩人，他的童話一開始來自幼時聽過的故事，後來則加入了自己個人的創造。他終身未婚，但著作頗豐，作品影響了全世界。台灣亦有《安徒生童話》全譯本上市。

第二天早上，學者發現自己的影子不見了！但一週過後，他發現一個新的影子已經從他的腿上長了出來，一個月後，也就是他返鄉前，影子已經完全長好了。他回到家，繼續一個人生活，他寫了許多書，研究什麼是真、什麼是善、什麼是美。日子一天一天地過去，許多年後的某個晚上，陰影來敲了他的房門，原來在拜訪了對面的姑娘後，陰影才知道她是詩神，他在那裡學會了許多人類黑暗的過去與知識，從而成為了一位名利雙收的人。他想帶生活閉塞又柔弱的學者出去開開眼界，但前提是學者必須在旅途中當它的影子，學者拒絕了，還要他趕緊離開，別再回來。多年後影子再度來訪，學者答應了它。最後他們遇見了一位美麗的公主，影子對公主求了婚，並要求學者永遠當它的影子。學者當然不願意，結局是影子指控學者精神錯亂，想要反客為主，當上主人。學者被判處死刑。

凡是被我們拒絕的，都會悄然回訪

這是一個被影子所吞噬的驚悚故事。不消多說，讀者都能感受到故事的寓意。學者的身分遭到逆轉，從主人變成影子。他善良、溫和，長年研究真、善、美等問題，可以說是人間理想的典範。但作為一個人，他的生命卻相當單薄。他沒有親密關係，沒有朋友，他的著作也沒人感興趣。也就是說，學者的人格非常乾淨，一塵不染到難以親近。作為他的對立面，影子卻狡詐又邪惡，知曉人間一切見不得光的事情。前頭已經提過，光明蘊含著黑暗之源。如果不是學者的「純粹」，影子中的黑暗或許根本沒有被滋養的空間。但他們兩人卻伴隨而生，隨著學者的日漸貧困與衰弱，影子卻日益肥壯起來，好比傑奇博士與海德先生那樣，後者最終取代了前者。

那位學者不敢一親芳澤的女性是一位詩神，陰影勇敢地親近她之後竟在短時間內就通曉了世間的所有事。易言之，生命的真正知識（也就是詩歌）只有在我們願意親近個人的黑暗時才可能學會，學者的膽怯對比於影子的勇敢，說明了他注定無緣接近生命的核心。這位美麗的女詩神也可以被我們聯想成學者內在的阿尼瑪（anima），也就是他個人內在的女性面，而他之所以只能遠觀詩神的美麗與智慧，或許正是因為學者對內心的邪惡一無所悉。他催促影子趕緊離開，還要他別再回來。

但凡在前門被我們拒絕的，都會從後院裡進來。因此影子在多年後回頭了，而且用了一個更完整的樣態挑戰學者的人格，諷刺的是，連公主也無從分辨學者與影子的真偽。換句話說，影子所表現出來的人格或許比學者本人更接近真實。

缺乏內省之人，難以進入有意義的親密關係

婚禮總是象徵著神聖的結合。但最後與公主結合的不是學者，卻是影子。說明了缺乏內省的中年人不可能進入一段有意義的親密關係，哪怕他博學、良善，都很難碰觸到內在的神聖。很弔詭地，在心理治療中總會見到，偏偏就是這類和藹體面的父母養出了叛逆或拒學的小孩。當然不是指這類父母一定會教出這樣的孩子，而是說什麼我們也很難聯想他們提供的教養環境竟會讓孩子走上外人不可理解的歧路。我想原因就在於他們失去了與內在黑暗溝通的管道，因此影子反而在孩子身上滋養起來，終至成為父母的對立面。台灣人有句諺語：「歹竹出好筍，好竹出龜崙。」顯見俗民生活中不乏這類事例。

卡夫卡的名作《變形記》也描繪了類似的景象。一個被生活壓垮的中年人作著惡夢，他看了看房間，好險，什麼都沒有改變，只是看來小了一點，於是他轉頭睡去。待他再度醒來後，已經變成了一隻大蟲子。這是又一個被陰影吞噬的自我，最常發生在人

「我怎麼了？」他想。這不是一場夢，他的房間靜臥在熟悉的四壁之間，的確是人住的房間，只是稍微小了一點。

——卡夫卡《變形記》

的中年。站在鏡子前，看著西裝筆挺或者穿著剪裁合身的洋裝的自己，覺得自己一切都很好，很幸福。但下一刻，一個陌生的聲音自內心響起，那個人是誰？面具掩蓋了真實的自我，作為補償功能的陰影於是啟動。它一開始會以難解的夢境、身體的訊息（例如短暫的肌肉痲痺、虛弱、暈眩，或甚至情緒的激動）來訪，如果我們持續輕忽它，待它取得足夠的心理能量後就會與意識的自我抗衡。我們開始流連那些從不造訪的地方或網站，開始對原先成功的生活不滿，開始看什麼都不順眼，開始嗜血。

光追逐著影，影也追逐著光。我們會在《地海巫師》中繼續討論這個部分。

光與影，是為同一個目標服務

故事已經結束。最後，讓我們回頭看看作者史蒂文生（Robert Louis Stevenson, 1850-1894）自己，他是一個自幼就被惡夢纏身的男孩，他曾說道，「掙扎只是徒然，夜晚的惡魔會掐住我的喉嚨，拉扯著我，讓我在睡夢中窒息、尖叫。」這件事持續了一生，雖然哭喊和身體上的折磨在他的成長過程中逐漸消逝，但他的夢境絕大部分仍然很可怕，他因此罹患午夜恐懼症。

在〈關於夢的篇章〉裡他這麼講：「我的夢境是連續的，我擁有了雙重人生——

一個在白天，一個在夜晚——一個我怎麼樣都應該相信是真的，但另一個我也沒辦法證明是假的。」他覺得人的二元性實在太強烈，只要會思考的生物一定都會不時想到這個問題。但在我看來，這只說明他活在一個分裂的時代。那是一個歇斯底里逐漸流行，存在主義開始萌芽，以人格分裂為理論骨幹的心理學（也就是精神分析）繼之其後誕生的時代。人類的心靈喪失了過去的完整，意識自我壓倒性地取得了勝利，但潛意識的反撲來得又急又猛。《化身博士》的結局是悲慘的，史蒂文生並沒有給出如何與陰影相處的答案，只能以兩人的死作結。

史蒂文生顯然並不清楚人內在的固有衝突該如何解決，傑奇博士不可能驅逐海德，因為他是自我的一部分，如果陰影必須消失，那麼光明也會跟著死去。作者所描繪出的，是光明與陰影的典型對抗。在北歐神話中，黑暗之神霍德爾受到洛基的欺騙，擲出了小槲寄生做成的長矛，刺穿了自己的兄弟光明之神巴德爾的胸膛。正義與光明隨著巴德爾的死去而消逝，霍德爾不久後也被自己的其他兄弟所殺。這件事為日後「諸神的黃昏」迎來了序曲。

這齣手足相殘的慘劇根本上可被理解為同一個人內在不同面向的彼此傷害。當中的細節我們日後會在《神話裡的心理學：惡與陰影》中繼續討論。但這個神話的片段已經點出了陰影與光明兩者之間的共生關係。如果殺死光明，黑暗斷不可能獨活。反之同樣如此。因為它們是一體的兩面，為同一個人格或者為同一個更大的目標服務。

讀者想必發現了，亨利．傑奇與海德先生這兩個人格從未對話過。或許這是海德為什麼用盡全力也要取得掌控權的原因吧？因為他想要被聽見、被重視。如果我們這麼想，或許就能依稀明白衝突的解決之道。自傑奇博士發現內在的邪惡面以來，他只想過榨取利用海德的精力，待無法控制時，又必驅之而後快。他們從未真正地相遇，也就是說，他們一直過著不真實的人生。

雖然惡夢長年困擾著史蒂文生，但潛意識心靈並非全部如此負面，他自述在夢境裡總會有小小人為他創造出一個又一個精采的故事，當他醒來後，他只需要把這些故事好好表達出來，就會變成一本本暢銷書。被夢境主宰一生的他後來遷居南太平洋島國薩摩亞，葬在該處，離他的家鄉蘇格蘭相距了數千里。

結語

認識陰影是人在中年後最重要的主題。陰影是我們的黑色姊妹與兄弟，它是我們的一部分。認識陰影，接納陰影，然後我們的整合之路才正式開啟。這是一個分裂的時代，身與心分裂，理智與情感分裂，人與人之間也跟著疏離而遙遠。陰影雖是我們的黑暗面，但沒有它，我們的生活就會變得索然無味，人格也跟著慘白黯淡。因此比起過往，現代人更需要看重整合的能力。傑奇博士與安徒生筆下的學者都因為囿於人格的光明面而使人生走向了悲劇。很少人明白，黑暗是創造力之源，同時也孕育著救贖。讀者若不相信，不妨回想耶穌是在何時、何地誕生？人類的救世主誕生於午夜的馬槽並不是偶然，宗教神話也蘊含著深刻的心理學知識。當中的寓意為何，或許你已經有了答案。

PART — 6

《黑貓》

中年的認同危機

失控的黑暗

愛倫．坡（Edgar Allan Poe, 1809-1849），美國作家與詩人，以懸疑、偵探及驚悚小說聞名，我猶記得在讀他的作品時冷汗直流，很難相信書裡的內容出自他的想像而非他的經歷。我相信他親身經歷了黑暗，而且似乎是有意為之。愛倫．坡深刻卻冷淡地描繪殘忍、詭異與荒謬，彷彿他曾見識過這些難以想像的事，不論是遇鬼、著魔，還是死亡。黑貓是他以第一人稱「我」所寫下的短篇作品，對於關切深度心理學的人來說，它說明了榮格所揭示的陰影與人格面具的問題。

故事梗概

我從小就以性情溫順並富於愛心而聞名。我的心腸之軟是如此引人注目，以至於使我成為伙伴的笑柄。我特別喜歡動物，父母便買了許多小動物使我開心。我大部分時間都和那些小動物待在一起，沒有什麼能比餵養和撫摸牠們更使人感到快樂，待我成年後，牠們成了我獲取快樂的主要來源。對那些已多次嘗到人類虛情假意和背信棄義滋味的人們來說，動物那種自我犧牲的無私之愛，自有某種使人刻骨銘心的感情。

我很早就結了婚，妻子與我的性情相似，她見我喜歡養寵物，便不放過任何能弄到優良品種的機會。我們養著雀鳥、金魚、小狗、兔子、猴子和一隻貓。那貓的體型挺大，渾身烏黑，模樣可愛，而且聰明絕頂。牠的名字叫做普路托（Pluto），是我的寵物和朋友。我單獨餵養牠，牠不論屋裡屋外都總是跟在我身邊。我們的友誼就這樣延續了很多年，在此期間，我染上了酗酒的習慣，脾氣與性格都朝惡劣的方向急遽變化。日復一日，我變得越來越喜怒無常、煩躁不安，越來越無視別人的情感。

我開始容忍自己對妻子使用汙言穢語，甚至對她拳打腳踢。當然，那些寵物也漸漸感覺到我性格上的變化。我忽略牠們，甚至虐待牠們。只有對普路托我仍然保持關心，自我克制。但直到後來，即使是對普路托我也開始會發脾氣。有天晚上，我喝得醉醺醺回家，我覺得那隻貓在躲我。我一把將牠抓住，牠被我的暴力嚇到，輕輕地咬了我一口。我頓時勃然大怒，而且怒不可遏。原有的靈魂似乎一下子就飛出了身體，惡意滲透了身上的每個細胞。我從背心口袋中掏出一把小刀，一手打開，一手抓住那隻畜生的脖子，不慌不忙地挖出牠一顆眼球！

當理性隨著清晨回歸，睡眠平息了我夜間的怒氣後，我感到害怕且後悔，但那感覺朦朧又曖昧，我的靈魂依舊無動於衷。我又開始縱酒狂飲，酒精淹沒了我的記憶。

與此同時，那隻貓漸漸痊癒。牠被挖掉眼球的眼窩顯得可怕，但牠似乎已不再疼痛，只是一看見我就嚇得逃跑。我感到一陣傷心，但這種難過很快就被憤怒所取代。

就在這時，那種「反常的心態」出現了。我相信那種反常是人類心靈原始衝動的一種。誰不曾上百次地發現自己作惡或犯蠢的唯一動機就是因為知道自己不該那麼做呢？就是這種反常心態導致了我的毀滅。這個只為作惡而作惡的慾望驅使我繼續傷害那隻貓。

有天早上，我將繩子套在貓的脖子上，將牠吊死在樹枝上。我這麼做並非出於衝動。吊死牠時，我的雙眼泛著淚光，心裡充滿痛苦的內疚。我吊死牠是因為我知道牠曾經愛過我，並因為牠沒給我任何該吊死牠的理由。我吊死牠是因為我知道那樣做是在犯罪，一樁甚至連最仁慈的上帝也不會寬恕的罪。就在那天晚上，我的家裡遭到惡火，我在夢中被叫醒，整個房子都在燃燒。我和妻子好不容易死裡逃生，但那場火將我所有的財產都化為灰燼。自此後，我就陷入了絕望。

火災的第二天，我去看了那堆廢墟。但除了一面牆外，所有的地方都倒塌了。那面牆聚著一堆人，許多人都聚在那裡驚嘆。我上前一看，只見白色牆面上好像有一幅淺淺的浮雕，形狀是一隻大貓，那貓的脖子上還掛著一根絞繩。當我第一眼看見時，我的驚訝和恐懼都到了無以復加的地步，但我記得那隻貓是被吊在屋子旁的花園裡。或許是起火的時候有人砍斷了繩子，將貓的屍體丟到我房間，試圖叫醒我，結果貓屍跟泥灰因為烈火的原因在牆面上形成了浮雕的樣子。

儘管如此，一連好幾個月，我都無法抹去那隻貓的幻影。我的心中滋生出又是悔恨又不是悔恨的複雜感情。我甚至開始惋惜失去了那隻貓，試圖在不同地方尋找牠的背影。一天晚上，我在一間酒館突然看見了一隻大黑貓，就像普路托那麼大，除了胸前有一塊白斑外，其他都與普路托長得一模一樣。我撫摸了牠一陣子，牠似乎很高興我注意到牠，也依偎著我，對我的身體磨蹭。於是我將牠帶回家飼養，牠很快就贏得我妻子的寵愛，並立即適應了新的環境。

至於我自己，我很快就發現開始對牠感到厭惡，這與我原先預料的不一樣，我也不知道怎麼回事。牠越喜歡我，我越感到厭倦、煩惱。漸漸地，這種厭煩變成了深惡痛絕。我盡量躲著牠，羞愧感和上次暴行的記憶阻止了我對牠的傷害。幾週以來我都沒動過牠一根汗毛，但漸漸地，我一看見牠那醜陋的模樣就有一種說不出的厭惡，我只能躲瘟疫一樣悄悄地避開牠。

毫無疑問地，我之所以憎惡牠的原因在於，牠和普路托一樣也被挖掉了一隻眼睛。

雖說我厭惡牠，牠對我卻越來越親熱。以一種難以理解的執著，在我身邊寸步不離。當我坐著，牠會蹲在我椅子邊或跳到我膝上，當我起身，牠又會鑽到我兩腿間，差點把我絆倒，不然就是抓住我的衣服，順勢爬到我的胸前。每當這種時候，我都恨不得一拳把牠揍死，但我每次都忍住沒有動手。這多少是因為我對上次罪行的記憶，但主要是因為我打從心底害怕牠。

我怕牠的原因是因為那貓身上的白斑，那斑點雖然很大但並不明顯，然而它卻漸漸地形成一個清楚的輪廓，那是一個可怕的圖形，是一個絞刑架的圖形，那恐怖的、罪惡的、痛苦和死亡的、令人沮喪和害怕的刑具。

無論白天黑夜，我再也得不到安寧！在白天，那傢伙從不讓我單獨一個人；而在夜裡，我常從惡夢中驚醒，發現那傢伙正對著我的臉吐熱氣。在這種痛苦的壓迫下，我僅存的人性徹底泯滅，喜怒無常的脾氣發展成為對所有人和事的怨恨。

某天，我有事必須進去家中地窖。那貓跟著我走下陡直的樓梯，還差點害我摔跤。我在狂怒下舉起了斧頭，對準那隻貓狠狠砍去。跟在我旁邊的妻子急忙伸手阻攔。我的狂怒變成了瘋狂，從她手中抽回斧頭，一斧頭就砍進她的腦袋，妻子連哼也沒哼一聲就倒下死了。

完成這可怕的事後，我立即開始考慮藏匿屍體的事。我心裡有許多設想，燒掉、埋起來、或丟在院子的井裡。最後，我想出了萬全之策，我決定把屍體砌進地窖的牆壁裡。用這地窖做這件事再好不過了，因為它的牆壁結構很鬆，我相信我能輕易地拆開，嵌入屍體，再照原樣把牆砌好，保證任何人都看不出破綻。

這番思慮果然沒讓我失望，我輕而易舉地拆開了磚頭，將屍體以站姿緊貼著內牆，再將磚塊砌上去，還抹上了泥灰，看起來就跟原有的沒有兩樣。完工之後，我對一切都非常滿意。接下來，我開始尋找那個造成不幸的罪魁禍首，也就是那隻畜生，我非殺了牠不可。但那狡猾的傢伙竟然不見了，整個晚上都不見蹤影。就這樣，自牠被領進家門以來，我終於平靜地睡了一夜。接著兩天過去，那隻貓都沒有回來。我再次作為一個自由人而活著，那怪物已嚇得永遠逃離了這間房子，再也不會看到牠的蹤跡。我心中的快樂無以復加，犯下的罪孽也很少使我不安。警方來問過我幾回，都被我輕易地搪塞回去，他們甚至進屋搜查過一次，什麼也沒發現。

殺死妻子的第四天，一群警察又突然地來了。對房子進行再次搜索。我一點都不慌張，因為我確信他們不可能找到屍體。最後，他們又一次走進地窖，我神色從容，像個清白的人一樣平靜，在裡面自在地踱來踱去。那些警察準備離去，我心中雀躍，難以壓抑。想說點什麼來表示我的得意，讓他們更加確定我是無罪的。

「先生們，」我終於開了口，「我很高興你們的懷疑放下了。我祝各位身體健康，並再次表達我的敬意。順便說一句，這棟房子蓋得很好。先生們，這些牆砌得十分牢固。」出於一種虛張聲勢的狂妄，我拿起手杖往藏著愛妻屍體的那面牆使勁地敲了幾下。

沒想到餘音剛落，牆內突然出現了一陣哭聲，低沉壓抑而且斷斷續續，像是一個孩子在嗚咽，很快地，那聲音變成一聲長長的、響亮的，而且持續不斷的尖叫。像是狂笑，又像悲鳴，恐怖又得意，就像地獄裡才聽得到的那種聲音。我極度地驚恐和敬畏，踉踉蹌蹌地跌坐到對面牆角。警察們一時間也呆了，回過神後便急忙拆掉那道牆。

牆被推倒後，那具腐爛的屍體赫然直立在警察面前，屍體的頭上坐著那隻張著血盆大口和獨眼的可怕黑貓。是牠誘使我殺了妻子，又是牠告密將我送進劊子手的手中。原來，我將那可怕的傢伙砌進了墳墓。

青年時期逃避的自我，將在中年逆襲

這個故事可能令人大惑不解，也可能令你毛骨悚然。何以性情溫順富於愛心的主角，變成了毫無悔意、自甘墮落的殺人犯？但只消仔細想想就可明白，所謂的「溫順」指的不是別的什麼，它就是對集體價值的認同。我們的自我總是趨向集體價值，將自己想像成道德之光的攜帶者，也就是在這個過程裡，自我往往會成為危險的、膨脹的東西。分析心理學家諾伊曼就曾指出，壓抑和投射是舊有道德系統在面對陰影時最常使用的兩種心理防衛方式。

作為自我認同的一部分，趨光面飛得越高時，其對立面也就被壓抑得越深，越難以覺察。我們或者對其毫無所悉，或者在他人身上將之指認出來。當我們指責他人激進、非理性、低智商或怠惰的時候，自我站上了道德的高位。如同自幼就以富於愛心自居的男主角那樣，他的悲劇並不在於陰影最後攫取了他，而在於他的前半生對自己的另一面毫無所悉。他的心腸軟，特別喜歡那些帶著無私之情的小動物。世界是自我的延伸，從心理學的角度看，這說明「我」也總是無私的。當他帶著這樣的態度結婚後，對酒精的依賴卻日漸加深。

男主角的酒精成癮，也反映出自我所蔑視和逃避的那一面，會在潛意識裡伺機而動，最終會在中年的時候襲擊我們，將自大的人格面具徹底擊潰。它們雖被壓抑，但卻活躍；雖然遭到遺忘，卻獨立存在。主人翁之所以迷戀酒精的麻醉效果並不是為了別的，而是活生生的靈魂為了逃避人格面具的管控。

接納自身的黑暗跟光明面

靈魂作為一個整體，是混雜著黑暗與光明的。我們的肉身站立在大地上，因此現實永遠有效。慾望、仇恨、嫉妒、性、貪婪，及複雜萬端的人際糾葛，和愛、分享、包容、同情，都是我們永恆內在及不斷變動著的自我感的一部分。認同哪一個，就自然地遺落另一個。「我」的前半生認同光明面，後半生則認同了陰暗面。唯有如此，我們才能理解為何他在殺妻之後不感到愧疚，反而因為成功地欺瞞了警方而雀躍不已。不論是對陰影的壓抑還是屈服，都是一種失落。如果不想失落，就必須承認陰影的存在。接納陰影並不是為了別的，接納本身就是目的，這個過程我們將在下一篇的《地海巫師》中看到。

貓：陰影的化身

如果說酒精是潛意識陰影在主人翁的生活中找到的破口，那麼黑貓普路托就是它的具體化身。普路托是希臘神話冥王黑帝斯（Hades）的羅馬名，不論有意還是無心，愛倫．坡選用他作為黑貓的名字都是有意義的。黑帝斯本人就是個被光明拒絕的角色，宙斯與兄姊在打敗父親克羅諾斯後，宙斯將世界分成三部分交由兄弟三人來統治，無宙斯之令，誰也不能離開自己的疆域。象徵著權力與光明的雷霆之神宙斯變成崇拜的對象，作為黑暗化身的黑帝斯自然只能長處地底，一個見不得人的地方。我們在這則神話裡看見了陰影的古老原型。

貓在古埃及人眼裡是地獄的守衛，貓神芭絲特（Bastet）具有母性及凶暴兩種特質，是被葬者的守護女神。後來她被視為太陽神拉的女兒，同時又是他的妻子，所以也被當成象徵太陽的溫柔女神，有時則是月亮女神，因此可被視為光明的對立面。台灣也傳說若讓黑貓跨過死屍，就會召喚回亡魂。牠神祕、邪惡，但同時又是優雅的，我們喜歡將牠想像成狡黠卻貌美的女人。冷靜、疏遠、出乎意料、難以捉摸。鑑於這些特點，貓有時又被我們視為女巫的化身。

作為個人陰影的承載物，主人翁對黑貓的疼愛漸漸變質，越是痛恨自己對酒精的軟弱心態，累積的憤怒就越高。終於，他割去了黑貓的一隻眼睛。這是他第一次試圖打擊陰影，弔詭地，也是這樣的行為使他第一次與陰影合而為一。他終於從一個溫順的人成為暴力本身，從而拋去了原有的光明面，開始轉身認同自己的陰影。越知道自己不能作惡，想要作惡的心念就越熾熱。這個只為作惡而作惡的慾望驅使著他繼續傷害那隻貓，終至親手將普路托吊死在花園的樹上為止。

當晚，住處起了大火，將他的家燒盡，從心理學的角度來看，暗喻著內在人格的朽壞。殺死黑貓並不能讓他躲離陰影的糾纏，就連太陽也無法永久驅離黑暗，時間一到，光明便會退位，黑暗會重新找上門來。真實的人生本就是矛盾的統一體。這是為什麼「我」再一次找到了黑貓，那隻跟普路托一樣碩大、缺了眼的黑貓。

陰暗的恐懼與誘惑

黑貓即是陰影，無法擺脫。牠不斷出現，無法殺死。男主角感到害怕，同時卻不自主地尋找著黑貓，黑貓也在尋找，同時害怕著男主角。

那貓更黏人了，行住坐臥都跟在主人公旁邊，而這本能地引起了他的厭惡和恐懼。陰影並不是外在於我的東西，它就是我們內在的一部分。因此「我」對黑貓的恐懼並非源自黑貓本身是令人恐懼的，而是源自他面對自身陰影的焦慮。這裡我們遇到了一個有趣的矛盾情境，因為他既愛上了作惡，卻又恐懼著它。試想想，那些禁忌和不入流的事物為何總是能吸引我們？色情產業、恐怖片、名人的八卦與各種小道消息，它們無不沾染了陰影的色彩，所以人們能在這些事物上看見自己的一部分。我們的獵奇心態，反映著對內在黑暗的缺乏覺察，對上述事物的窺看慾無不是自我瞭解需求的變形。

人格面具的反撲

地窖又是一個潛意識的象徵。在那裡，光線照射不到之處，主人翁徹底被黑暗佔據了。這是又一個被陰影吞噬的例子，而其悲劇之處則在於他始終沒有認出黑貓的真實身分竟是他內心的自己，在狂暴中，妻子試圖安撫他卻沒有效，死在他盛怒的斧頭下。妻子是人格面具的另一象徵，她愛上的是前半生溫柔而心軟的自己。因此所謂的失手並不是意外，而是潛意識裡的陰影對人格面具所擁有的一切的反撲。佛洛伊德從來不相信失誤與意外，他認為所有的失誤與不小心都代表著潛意識意圖的勝利。同時，婚姻對男性來說，也象徵著試圖承擔責任，融入成人社會的努力。在地窖殺死妻子，無疑代表著「我」與面具的最後決裂。他藉由殺妻，象徵性地切斷了與社會的聯繫，及其所代表的束縛、義務與倫理。他徹底認同了黑暗的自己。

自此開始，他已經完全地背離光明，認同陰影。

他很快地就在腦中思索脱罪計畫，旁證了他屈從於陰影及黑暗的影響力，過往那個因過於溫和而受到訕笑的自己早已消失無蹤。黑貓消失了，他終於好好地睡上一覺，心中的快樂無以復加。因為他的靈魂終於擺脱了一直以來光明帶給他的壓力。直到警察再度上門，搜索不得之後，他不知道哪裡來的興奮之情，彷彿決心玩弄自己的命運一樣，非得大力地敲響那座埋了屍體的牆壁。

低沉壓抑的嗚咽聲，又像狂笑，又像悲鳴，從牆壁內竄了出來。他用以壓抑陰影的生硬界線終於被衝破，那是陰影大獲全勝的時刻。妻子醜陋腐臭的屍體象徵著他老朽且無以為繼的人格面具，再也不堪使用。他殺死妻子之所以不感到後悔，正是他在殺妻之時也象徵性地拋下了他過往虛假的面具。但我們先前已經説過，不論過度認同光明面還是黑暗面，最終都將帶來失落。被砌在地窖壁內的黑貓，嘲弄似地為他下了最後的判決。

我們與惡的距離

他將陰影砌入了墳墓，但墳墓裡的哭聲卻引來了警察。警察從精神分析的角度來説，它象徵著「超我」，是社會化過程中被個人承接至內心裡最高的道德要求。超我一再地叩問著「自我」，死去的妻子在哪裡？從客廳直到地下室，超我嚴格地檢查了男主角內心裡的每個房間。弔詭的是，陰影不僅不懼怕超我的現身，反而在這一刻與警察合作，存心給男主角難堪。超我也象徵著光明，因為那是我們所能成為的最好的樣子。因而警察藉由黑貓的哭聲而找到屍體的那一幕，恰好就是光明與黑暗交會的時刻。

陰影想要被找到，而且是以難堪的方式被光明給發現。考慮到陰影是自我認同的一部分，我們幾乎可以說，男主角之所以會禁不住興奮，得意地敲響壁墓，是受到了陰影的引誘。他迫不及待地希望自己的詭計被揭穿，希望光明可以照亮那墓裡的黑暗。他所害怕的，正是他所欲求的。而他所欲求的，也是他所害怕的。純粹的邪惡令人興奮，這在孩

深度心理學小學堂 13：超我

佛洛伊德認為，人的心靈可以分成三個部分：本我、自我、超我。此理論被稱為人格地誌學。超我是三者之中佛洛伊德最晚提出來的，係他在觀察憂鬱症患者時的發現。他認為超我的存在奠定了文化傳遞的基礎，因為它會在兒時的教養中被反覆強調。

子、罪犯，乃至每個人身上都能發現。為惡的原因不是別的，正因為那是「惡」，才使人心嚮往之。

大大的地窖，厚厚的牆壁與泥灰裡正躺著妻子的屍體，警察正在裡面來回踱步，還有什麼能比這個情景更令人血脈賁張的呢？手杖是引路者，神話裡，先知泰瑞夏斯預言國王伊底帕斯將會「明眼變瞎眼，富翁變乞丐，靠一根枴杖探路引導他踏上外邦的土地」。它也是男性權威以及陽具的象徵，冥王黑帝斯擄走了波瑟芬之後，仙女庫阿妮擋住他的去路，勸他放走波瑟芬，這讓黑帝斯怒不可遏，舉起權杖狠狠擊打她，將仙女掌管的潟湖擊穿了一個洞，他的座駕便從那裡揚長而去。

因此我們可以說，手杖擊打牆壁的動作，象徵著「我」被陰影引導，以及「我」試圖引導警察前去揭開事實的真相。經由手杖的隱喻，我們甚至可以認為，這件事引起了「我」的性興奮，其所代表的不是生理上的性，而是高漲的權力慾。若將它翻譯成白話文，其意思是：「看啊！光明（警察）在此毫無用處！黑暗勝過了光明！」

但沒有能夠長久維持的興奮，如同過度認同光明的傑奇博士，其結果是造成空泛與稀薄的自我，完全屈從於黑暗的「我」也同樣將以悲劇作結。陰影正如其名，並不是靠得住的東西。魔鬼從不偏愛任何人，他要的不過是你的靈魂。他引誘你，然後拋棄你。當中沒有承諾，也沒有神聖。黑貓只輕輕地嗚咽了兩聲，像終於壓垮駱駝的稻草，過度膨脹的自我隨即消風，等著他的是驚慌、背叛與失落。

結語

陰影並不是可以拒絕，也不是可以認同的東西。傑奇博士拒絕了海德，但黑貓中的主人公卻放任自己完全成為黑暗。雖然黑暗中孕育著救贖，但黑暗並不是救贖本身。偏執地讓自己成為任一方，都不可能達到真正的整合。整合是在黑暗中啟動的，回想一下我們是如何愛上一個人的就能明白。因為愛從來不是可以說清的東西。愛讓人展開行動，它打破孤獨，使人參與進更廣大的群體。然而整合雖在黑暗中啟動，卻在光明中完成。否則愛只會淪為本能，例如因性而愛，或淪為對社會習慣的配合。例如年紀到了所以結婚。從這裡思考，或許就能明白「中道」的重要。「執中不住中」，走在中庸，卻不執著於中庸，這便是面對陰影的態度。永遠記得，它會魅惑我們，它就是我們，但並不是我們的全部。黑暗雖是來處，光明才是去處。

PART — 7

《地海巫師》

與自我和解

與陰影和解

陰影是內在一切的未知。我們面對它時不僅是面對自己的陰暗面，同時也在對抗集體心靈裡的邪惡。在《化身博士》裡，傑奇博士釋放出了海德，結果是遭到後者的吞噬。如何面對陰影從來沒有一個簡單的答案。在諮商室內外，都會有人提到這個問題。我知道內心有影子，但怎麼處理它？我知道必須與它對話，但對話要從哪裡開始？夢、幻想、親密關係，還是現實生活的其他層面？陰影的來源既然分為個人與集體的面向，那麼顯然我們面對的就不可能只有內心的恐懼和被壓抑的人格，更包含整個文明的偏見。意識自我如果要能在這場對抗中存活，它必須強大而柔軟。

強大，是為了在深入潛意識時能提起勇氣自立並確定自我的價值，避免淪喪在集體心靈的暗夜。柔軟，是為了同一個理由，我們必須保持謙卑，放下自以為是的自尊，擁抱陰影，並與它和解。

簡言之，面對陰影，是一場全人的功課，我們必須全身心在生活的每個領域投入。在親職教養裡，在工作場合裡，在睡前的幻想裡，在談戀愛的時候，在罵小孩的時候，以及每個我們靜默或言語的時刻。

在史蒂文生和愛倫．坡那裡沒有見著的答案，我們將在娥蘇拉．勒瑰恩（Ursula k. Le Guin,1929－2018）的作品裡看到。

娥蘇拉・勒瑰恩的父親是人類學家，母親是心理學家，曾將《道德經》譯為英文，作品含有濃厚的人類學及道家思想，與西方的主流敘述有很大的差異。她「地海」系列的作品跟《魔戒》一起被視為奇幻文學的經典。

01

真名與成年禮——「我」之確立

故事梗概

這本故事講述地海世界大法師格得的早期事跡。他出生在弓忒島上的十楊村，乳名達尼。他的父親是村裡的銅匠，嚴厲而寡言，母親在生下他後去世，上面的六個哥哥也都已經離家獨立。還在襁褓的時候，他由阿姨撫養，但阿姨有自己的事得忙，因此等到達尼稍長可以照顧自己時，阿姨就不再管他，所以他「如野草般長大了」，並在家裡當父親的學徒。

缺乏母親的孩童

這一段說明了達尼（也就是格得法師）是在缺乏女性法則的教養下長大的。父親的職業是銅匠，達尼在家裡當父親的學徒，在火與金屬中長大。這種環境中長大的孩子容易過度認同陽性氣質，追求過分的獨立以及氣勢凌人的能力。這是他後來兩次不當地召喚亡魂，犯下重大錯誤的根本原因。

達尼的阿姨是當地的女巫，他模仿阿姨召喚山羊的咒語引起了她的注意，這說明達尼內在有一股「力量」，同時暗示著孩子的潛意識心靈正自發性地透過對這類事物的興趣來補償環境過於陽剛的偏失。因此阿姨雖然對魔法所知不多，但還是盡力地教導他召喚動物的法術、草藥醫術和一般的綑綁術等，達尼一學便會，從此更得到了「雀鷹」的外號，因為他會召喚那些猛禽在他身邊圍繞。動物、自然與草藥都與我們內在的陰性面有所連結，透過與之接觸，達尼成為大法師的修練之路才打下了基礎。日後他在法術上的造詣跟這段兒時經驗有很大的關係。

阿姨的出現也恰恰補足了達尼所需要的女性法則，她的女巫身分說明了她與潛意識心靈的關係，她啟蒙達尼的法術天分，從而成為一個引路人，使他日後能在卡爾格人登陸掠奪的時候召喚出雲霧，保衛家園。並跟著引出他日後人生路的導師：「緘默者」歐吉安法師。他將在達尼十三歲時來訪，授予他「真名」。若非阿姨的職業與她適時地協助，達尼或許終身都是一個銅匠而已。所以萬不可輕忽我們對他人的微小善意，哪怕再微不足道都可能成為他人改變命運的契機。

真名的非凡意義

在地海世界裡，萬物都有一個屬於自己的「真名」。真名不能隨意讓人知道，因為如果一旦擁有對方的真名，就可以任意操控對方。不僅人類，蟲魚鳥獸、山海河風，哪怕是大海中的每一滴水都有自己的真名。法師的重要功課之一就是要不斷地去理解和學習事物的真名，以便在需要的時候使用。十三歲是地海人的成年禮，那一天，達尼被歐吉安賜予真名「格得」，此後達尼這個名字就隨著他的童年而消失了。

不論東西方，名字都是一種神聖的事物。在埃及神話中，女神伊西斯用計折磨太陽神拉，逼後者對她透露自己的真名來取得魔法的奧義。太陽神不願意屈服，因為他知道這會使伊西斯取得比他更大的權力，但痛楚難耐之下，只好將自己的真名告訴她。這段傳說奠定了埃及伊西斯崇拜的基礎，她的名字有「王座」的涵義，法老被比擬成他的兒子。她餵養兒子天空之神荷魯斯的形象日後被基督教採用，轉變成瑪利亞懷中的耶穌。在中國，名字同樣有特殊的地位，在成年以前，男性有名但沒有字，《禮記》有「冠而字」（二十歲）的記載，表示要等成年之後才由父母親賦予我們表字，原因是成人之後若直呼其名顯得不敬，彼此用字稱呼來表達尊重。女孩子則是到了及笄之齡（十五歲）或結婚時取字，成語「待字閨中」即是此意。

從心理學的角度來說，賦予真名或取表字這樣的成年禮可以被視為童年跨越到成年之間的孔道，它是一扇大門、一座橋梁，縱然現代人可能認為那沒有必要。但對孩子來說，成年禮卻有重大的心理意義，因為它幫助我們確認自己，而不必在轉換期裡惶恐與自我懷疑。授予真名就是在心理上賦予一個人真正的「成人地位」。從今天起，我就是一個大人，我有一個專屬於我的祕密，一個真名。這樣獨特寶貴的東西證明了我也是獨特而寶貴的，現代人不解成年禮的意義，實在令人惋惜。

宴會還沒結束，歐吉安就悄聲地帶走了雀鷹——也就是格得，踏上了他那不可思議的旅程。

02

陰影的第一次現身——瞭解我是誰

故事梗概

格得以為當上大法師的徒弟之後就可以立刻投入內在力量的探索，但這個老師非常奇怪，只帶著年輕徒弟跟流浪漢、乞丐一樣四處漫遊，在野地過夜，什麼也沒發生。歐吉安一個咒法都沒教，一個符文、法術都沒提。他總是很沉默，但感覺得出來他內在的祥和與平靜。格得不再畏懼這個老師，大膽地問他：「老師，我什麼時候開始學藝呢？」沒想到歐吉安只是回答：「已經開始了。」格得驚訝地又問：「可是我什麼也沒學到呀！」歐吉安一邊行走一邊答道：「那是因為你還沒有發現我在教你什麼。」

過量的知識易使人錯失自己

真正重要的東西只能透過沉默來教導。那些喧嚷嘈雜的道理雖然吸引我們的注意力，但總是讓我們脫離內在越來越遠。神祕學相信，外在的宇宙與個人的小宇宙乃是一體，用心理學的話來說，世界就是我們內在的延伸。但很少人能體會這一點，因此他們的生活會失去均衡。如果不能感受這種內外一體的玄祕，就無法真的理解魔法或命理學。這也是為什麼歐吉安接著會對格得說：「你已經從法術的源泉汲取太多泉水了。要等待。」易言之，年輕的學徒已經明白太多外在的知識，對自己的內在卻仍然無知。我們當前的教育不也如此？急著讓孩子學習更多語言、提早讓他接觸數學與理化，美其名叫潛能開發，實則是讓他錯失了自己。

意識自我越是強硬，潛意識就越是騷動不安。格得之所以毫無節制地從姨母處學習她所知的一切咒語法術，正代表他的生活態度有著基本錯誤，內心匱乏的他因此熱切地尋求補償。正因為如此，人的潛意識動機往往跟意識層面的態度相反。對同性戀感到激烈義憤的人，潛意識裡或許是個同性戀者，嘴巴說著：「謝謝，再聯絡！」的人往往不會聯絡。歐吉安看穿了這件事，如果不能把騷動的心安穩下來，那法術就會是造成混亂的工具。對生涯越感到迷惘的孩子越容易淺嘗輒止，他們這裡摸摸、那裡瞧瞧，但對每樣東西都不感興趣。著急的父母親也會四處幫他們搜集資訊，從機器人、科展、遊學、營隊到全腦開發，每種材料都餵給孩子，也不管他們是否能夠消化。

允許自己成為自己

從來只有人能使用工具，但在焦慮時，我們很容易反過來讓工具來使用人。技術隨理解而來，存在取向的心理治療很重視這點。如果不能先「允許」我們的孩子是眼前的模樣，那麼再多的教育方法或介入手段都只會剝奪他成為自己的勇氣，技術因此成為妨害。經驗告訴我，孩子的反抗或不作為，往往是不被允許的緣故。爸媽們若能先學著「允許」自己成為自己，才可能進一步允許孩子成為孩子。

歐吉安以四葉草為例，一旦明白它的氣味、外形、種子，乃至它的根與葉時，我們就會曉得它的真名，「明白它存在的本質，這比知道它的用途還重要」。用我的話來說，就是瞭解自己是誰，勝於瞭解自己可以成為誰。

故事梗概

這個老師真的很特別，雖然他曾因撫平大地震而遠近馳名，但格得卻發現這位法師平時根本不使用法術。他任憑大雨淋在他身上，自己不過找棵大樹棲身而已。對法師來說，操縱天氣明明是很容易的。他們就在歐吉安的家裡度過了整個冬天。歐吉安教他讀書認字，但從來沒有提及魔法。他總在漫遊森林後返家，照顧完牲口後生上爐火，靜靜地坐下。接著他許久不語，只是專注聆聽，那沉默會充滿房間，乃至格得的心思，一直到似乎忘記了話語的聲音。

要聆聽，必先靜默

多美、多深邃的境界！

這段描述至少說明了兩件事：第一，法師也得餬口，所以他要照養牲口。同樣地，命理學、道士或法師並非什麼了不得的工作，他同樣得接地氣、得穩當地過生活。許多人將它想得太浪漫或太超越，法師仍然是人，得過著人的生活。如果不明白此點，很容易犯下自我膨脹的錯誤，將自己視為神明的代言人，作奸犯科、走火入魔。第二，不能獨處、不能沉默，我們就無法與自己、與大自然相處。如果我們內心總有許多主張想表達，就不可能聆聽。心中喧騰的意見與想法只有靜默可以消化它。格得的內心太過紛亂，因為他總是想學習，亦即他想擁有更多東西。這將阻礙他成為真正的大法師。

在我來看，大法師指的就是一個完整的人。魔法的精髓如我前述所提，是明瞭內外實為一體。紛亂從來就無從消弭紛亂，唯有靜默。世界越快，心則越慢。一個真正的法師從來不會揠苗助長，只在不得已的時候才向宇宙借取力量。真正的魔法不是咒術，一如命理學的要義並非為了預知吉凶，而是為了理解成人之道，為了尋求平衡與完整。但這畢竟是中年人的修養與功課，而不是年輕人的。對青少年而言，他們的功課是尋求榮耀，是讓自己擁有可以立足的舞台。因此格得不可能久居此處，他得迎向更大的冒險。

故事梗概

格得待到了春天，在郊外認識了一個女孩。這個女孩舉止大方，與格得年紀相仿，讓格得不由自主地想要贏得她的欽佩。女孩早就認識格得，因為他曾操弄雲霧打敗卡爾格人。她希望格得能夠對她顯露法術，不僅召喚雀鷹，甚至召喚亡靈或變換身形。女孩的欽佩之情總是讓他自吹自擂，但召喚亡靈這件事未免太過困難，他根本不知道怎麼做。因此他趁著師傅不在家的時候取下了兩本古書，勉強找到召喚亡靈那一章，試著辨認那些古老的符文。

他似懂非懂，越讀越恐懼，但格得無法將眼神移開，非得將整個咒語讀完為止。待他意識到的時候，屋內已經暗下來了。恐懼逐漸在他心中擴大，他感覺發冷，轉頭環視時，好像看見什麼東西貼伏在門上，是一團沒有形狀、比黑暗還要黑暗的黑影。那團黑影想要靠近他，低語著，似乎在叫喚格得，但他聽不懂那些話。此時房門突然打開了，一個男子周身綻放白光，激烈大聲地說話，驅散了黑影，那人正是師傅歐吉安。格得內心的恐懼就此散去，但仍極度不安。陰影就從此時開始跟著格得，直到故事末了。

師傅沒說話，將書收了起來，問他何以翻閱這些書？他羞愧地說出原因。歐吉安說，你忘記我說過了嗎？那女孩的母親是個女蠱巫，那女孩也已是半個女蠱巫了。他接著說：「她效勞的那些力量不同於我效勞的。……你是不是從來沒有想過，為什麼危險必然環繞力量，正如黑影必然環繞光亮？魔法不是我們為了好玩或讓人稱讚而玩的遊戲。想想看：我們法術裡說的每個字、做的每項行動，若不是向善，就是向惡。所以在張口或行動之前，一定要知道事後的代價！」

每種選擇都有成本

從這裡我們看到，何以歐吉安很少使用法術，因為每次行動都會伴隨代價，人必須明白自己的存心，才能思考使用什麼手段。同時也看見何以格得會受到蠱惑去召喚亡靈，因為他的內心一直倚賴男性的法則，必須不斷地向對方自我證明。這樣的人也服膺數字的法則，以為多就是好。驅使他們行動的是自尊，同時也是自卑。這兩樣東西常常是一體的。

每種選擇都有成本，青少年很少認知到這一點。因為在他們的想像裡，世界總是為自己的意志服務。作用力伴隨著反作用力，這是為什麼行動與改變都會造成均衡被破壞的原因。行動與不行動之間具有相當微妙的關係。以談戀愛為例，在曖昧的時候不管怎麼做都令人苦惱，是表白跟接受呢？還是退回原點跟拒絕？教養也是一樣，我們知道要給青少年或大孩子更多自主的空間，但偏偏他們卻還沒學會自律。一拿到新手機就希望有更快的網速跟更大的流量，或者一買了車就跟朋友出去夜遊不歸。想對他們嚴格些，又遭到他們強力的反彈。出社會好些時候的成年人通常比較懂得進退之間的難處，因此會仔細地思考行動的分寸。青少年在是非黑白之間，則比較容易去認同某一面，或者認同黑暗，或者認同光明。不管怎樣，站在對立面的人都會被他們當成敵人。

故事梗概

聽完歐吉安的話後，格得對師傅羞愧地喊，「你什麼也沒教我！……自從跟你同住之後，我就什麼事也沒做，什麼東西也沒看到。」歐吉安平靜地回覆格得，他不用被綁在老師的身邊，因為是歐吉安去找他，並不是他來找歐吉安的。如果格得想學魔法，可以去柔克島，但如果他想跟在歐吉安身旁學習，那也可以。格得心中明白，歐吉安身上有他缺乏的沉靜，但他自己也想要得到更多榮耀。於是他告訴歐吉安，他要往法術之島——柔克島去學習。

走向英雄之路

這裡出現了青少年的生涯主題：榮耀。年輕人嚮往光明，因為他們的生命正在上坡路。我們不會苛責沉浸在往日時光的老人，卻會對足不出戶的年輕人感到擔憂。年輕人若缺乏爬到高處的勇氣，那麼中年以後等著的往往是後悔和頹唐。如果說小確幸的生活態度有什麼樣的不適當，我認為這點是影響最大的。我們將要在《哈比人》

與《綠野仙蹤》裡討論個體化的主題，但個體化的前半部，我們必須有意識地去認同英雄的角色，也就是努力地追求榮耀與成就，完成養家餬口、養兒育女的任務，才可能在後半生走向另一個方向。我見過不少青年將生活目標放在現世安穩、歲月靜好，渾然不知周遭的旁人替他們承擔了多少的生活責任。想想在《湯姆的午夜花園》裡談到的「時間不再」，當父母老去、長大變得迫在眉睫時，我不知道他們該如何一口氣追上錯失的時光。

03

對立與平衡——面對外界的誘惑

故事梗概

柔克島是地海世界的法術之島，也是智者之島，島上有一座魔法師的養成學校。格得拿著歐吉安的介紹信拜會了校長倪摩爾大法師，據說他是世上最年長的人。格得替年邁的倪摩爾大法師唸出了師傅的信：「倪摩爾閣下！若形勢無欺，今日我送來的這位，他日將成為弓忒島絕頂卓越的巫師。」格得就在這裡住下，開始了他的另一段學徒生涯。

他在這兒遇到兩位重要的同學，一位是賈似珀，黑弗諾島上的領主之子，一個標準的富二代。另一位是費藁，是個直率友善的人。他與後者越走越近，與前者則有水火不容之勢。格得對魔法有天賦，學習得又快又好，進度超前許多師兄，特別是幻術。為了讓賈似珀出糗，他詢問手師傅，要如何改變事物的本質，而不僅僅讓它維持幻象而已？例如把一顆石頭變成真正的鑽石。

手師傅卻溫和地回覆他，幻象不會改變事物的本質，倘若要這麼做，必須變換它的真名。「可是，孩子，那樣做以後——即使只是將天地間這一微小的部分變換，也是改變了天地。」要變不是不行，「不過，如果不曉得變換了以後，緊接著會出現什麼好壞結果，即使只是一樣物品、一顆小卵石、一粒小沙子，也千萬不要變換。宇宙是平衡的，處在『一體至衡』的狀態。巫師的變換能力或召喚能力會動搖天地平衡，那種力量是危險的，非常危險。所以，務必依知識而行，務必視需要才做。點亮一盞燭光，即投出一道黑影。」想當然耳，年輕的格得不會滿意這種答案。

執著於對立，難以領會人生的豐富

我們年輕時總看現狀不滿意，想要改變世界。但凡存在的必定合理，反過來說卻不見得成立。我們期待世界長成我們期待的樣子，因此世界才會與個人處於一種荒謬的關係。天地依它自己的方式處於平衡狀態，但我們卻容不得陰影的存在。格得不會明白為什麼手師傅最後又補了那一句：「你瞧，一塊岩石本身就是好東西。」貴賤是人的標準所區分的，在大自然眼裡，鑽石與岩石各個相同，它並不偏愛誰多一些。

每位師兄弟都稱讚格得的本領，只有賈似珀瞧不起這個窮小子。因此他更加執著於對立，說什麼也要找機會與賈似珀一分高下。

通往地獄的路是由善意鋪成的。這是為什麼點亮一盞燭光，就會投出一道陰影。每個明亮現代的大都會，一定窩藏許多看不見的犯罪。影與光是同一件事的兩個現象。當父母多給某個子女一點關愛時，另一個手足一定心生不滿。哪怕是帶著善意的舉動，也往往造成意想不到的後果，讓動機與結局往往相反。

法師是能夠操縱天地的人物，更要謹慎地使用這項能力。天地宇宙處於動態的複雜平衡中，每個因都造成某種果，而某種果又是其他事件的因。當中複雜萬端，連佛祖也說不清。任一個事件被改變之後，都可能造成無可預期的後果。若不能體會這個，改變的能力往往釀成災難。光本自影中誕生，哪怕它能驅離黑暗，也不可能驅除創造自己的母親。光明照亮萬物，但它無法照亮自己，不信你看燭台或燈座下方，永遠有一團陰影跟著。

正確並不存在

我常對人說，人生真正重要的問題，其答案往往是「對，也不對」、「是，也不是」、「好，也不好」。偏偏要能涵容那樣的對立與模糊是很困難的事，因為我們自幼被教導去分辨是非對錯，長大後，職場和學校的專業又要求我們去認識更多的名詞與界定。什麼時候、什麼情況才算是剛剛好？這實在難得可以。

孤立塔中的名字師傅也告誡學生們，在我們的力量之上，也還有別的力量。太古語無法盡知，只有龍和地底的太古力才通曉。這是為什麼法術有限制的原因，因為人類無法知曉每件事物的真名。但這樣也好，否則就會有不肖分子想要設法改變那些不可改變的事物，最終導致世界毀滅。格得似乎漸漸地明白了老師們的教誨。

當心孩子被黑暗面誘惑

每一種力量都有它的光明與黑暗面。在科幻電影《星際大戰》中，絕地武士必須學習利用原力來戰鬥，但這個充斥於太古宇宙中的原力亦有其黑暗面，因此絕地武士的導師們總是對徒弟們耳提面命，萬萬不可被原力的黑暗面吸引。但很不幸地，越是有潛力的徒弟就越會去回應原力黑暗面的召喚。這種情況在教育現場中也很常見，在那些調皮搗蛋的學生中，具備過人才華和智力的並不在少數。但他們的精力與好奇要怎樣才能導引到對世界有建設性的方向，對老師和爸媽來說都是挑戰。

校園大體上是一個保護性的環境，因此學生才能盡量地表達自我而不受到傷害。但對有些年輕學生來說，這樣的保護反而變成可以恣意破壞的環境。他們透過這類行為使自己的權力慾與力量感得到滿足。然而自我表達必須有個限度，不能毫無上限地容忍學生的主張，否則這樣的孩子就會受到黑暗面的持續吸引，最終走錯了方向。像格得這樣具備天賦的巫師，會嚮往擁有更多力量並不意外，召喚陰影終將變成無可避免的事。

04

召喚陰影——兩世代的對抗

故事梗概

格得隨著召喚師傳學習時，也試著一兩次想誘使老師透露一點召喚亡魂的祕術，但師傅只沉默不語，良久地嚴厲注視著他，格得不安起來，就不再說什麼了。在學習召喚術時，他偶爾會回憶起那漆黑房間裡的陰影，他安慰自己之所以會害怕，是因為功力還不夠的緣故。等他學完出師，擁有了巫師的全部力量後，就會一無所懼。

召喚師傅告誡學生，真正的魔法源於宇宙深奧巨大的力量，當我們使用這些力量時，就會改變世界。「柔克島下雨，可能導致甌克島乾旱；東陲平靜無浪，西陲可能遭暴風雨夷平。所以除非你清楚施法後的影響，否則千萬不要任意行動。」平衡的重要性再次被強調。不過格得與賈似珀的鬥爭也隨之來到了頂點。

格得在眾人面前誇下海口，將會在柔克島的圓丘上召喚亡靈。柔克島上的圓丘直抵地心，有著神祕的力量，任何法師在這裡施法，力量都會增大數倍。格得素來脾氣暴烈，稍受侮辱就會爆發。他已受不了賈似珀對他的冷嘲熱諷，決定與賈似珀決鬥。

費蕖苦勸無效，格得開始唸咒，唸著那些曾在師傅歐吉安的書裡看到的那些符文，一字又一字地大聲唸出來。世界暗了下來，某種東西重垮垮地壓在格得的雙臂，一道淡淡的幽光從那裡閃現，接著越來越亮、越來越寬，形成地面與黑夜之間的一條縫隙，裂縫中閃出一道刺眼的強光，有一團黑影在那裡攀爬，又敏捷又恐怖，直接跳到格得的臉上。格得站立不穩，嘶吼一聲後跌倒在地，拚命掙扎扭打。所有旁觀的同學都逃了，賈似珀跪倒在地，只有費蕖跑到格得身邊想要幫忙。但他還沒碰著，身體就被鎮縛住，動彈不得。

突然之間，那道強光逐漸減弱，世界被撕裂的邊緣逐漸癒合，星光也恢復了閃爍。黑影怪獸不見了，只有格得橫躺在地。原來是校長倪摩爾大法師趕到了，他驅走了陰影，緊急救治格得。格得動了一下，恢復了呼吸。但年老的倪摩爾已元神耗盡，在其他趕來的師傅們陪伴之下，靜靜地離開人世。格得躺了四週，雖然活了下來，左臉卻帶著深深的傷疤，一直到冬天來臨，都無法恢復力氣。而從另一個世界來的陰影則仍未收服，隨時伺機而動。

受傷的自尊，會轉為破壞力

格得再度唸咒召喚亡靈，這次沒那麼好運了，陰影現身，從世界的那一端爬了過來。諷刺的是，在他還是歐吉安的學徒時，因為知識的缺乏，他沒能讓陰影完全現形，但來到柔克島學習完術數後，竟把惡魔給召喚了出來。知識無從解決我們真正的問題，在此又獲得了證明。對格得來說，他的問題就是自尊心，賈似珀的出身與他的出身形成強烈的對比，他想要向每個人證明自己的能力，稍受侮辱就怒氣爆發。他的才華變成了他的詛咒，如果格得沒有魔法的天賦，這一生或許只會留在十楊村當一個銅匠。但他用來追求晉升的能力卻反成了阻礙，釀成大禍。護持大法師倪摩爾為了救他身故，陰影則逃離了亡者的國度，潛遁到地海。

這裡我們又看見了吞噬的主題。黑影攻擊的是格得的臉，像是要吃掉他的頭一樣。費渠見到的那團黑影只有四隻爪，沒有頭也沒有臉。說明了黑影必須藉著吞噬格得來獲得自己的身分。什麼是黑影？就是我們內心所有潛藏的未知，所有我們拒絕給他身分的個人認同。在格得最自傲自滿的時候，陰影就出現了。它撕裂了世界，從心理學的角度看，指的是毀去了我們原先對世界的認識。

陰影告訴我們，世界不是我們以為的那樣可以被操控、可以被預期。陰影總是帶有意外的成分，讓我們知道我們習以為常的安全感其實非常薄弱。那些以為人生可以照著規劃走的學生，往往在親密關係裡遇到過不去的瓶頸。苦戀後的自殺，被分手後的殺意，無不與此有關。挫折滋養了陰影，最終為我們承擔起意識自我不敢、不願做的事，那些事又會反過頭來讓我們懊悔。

老師的真實意義

犧牲是我們在這裡看見的第二個主題，這通常也是中年人的議題。如果沒有對個人自我實現的犧牲，孩子不可能被我們養育起來。兩代人之間似乎永遠處於對抗，而年輕人最終得從上一代的讓步和犧牲中學習和成長。校長倪摩爾就是這樣的例子，他選擇了自我犧牲，來讓犯錯的格得得到改正的機會。作為老師，我自己就數不清犧牲掉多少原則，來配合不同學生成長的步調。但這樣的犧牲也反過來讓我成長，學習去思索那些原則的初衷與意義。格得日後之所以能有所堅持，自我修正，不再嚮往來自黑暗深淵的力量，就與他在學校內遇到的那些正面男性典範有關。師傅們不僅傳授知識，也教導了他人生的道理。更重要地，他們將未來讓位給孩子。

傳承是一件很嚴肅的功課，但很可惜地是，我們現在很常見到中老年人責備年輕人懶惰不夠上進，年輕人則怪罪他們貪婪和短視近利。一個失去傳承的社會將帶來文化和意義上的斷裂，在這一點上，我覺得中老年人有較大的責任得試著去修補和履行對社會及對下一代的義務。但修補指的並不是重現傳統，這點許多人都有誤解。修補的東西必須是有益的、而且具更高倫理價值的事物。否則這就不能叫做犧牲，只是遂行己意而已。

故事梗概

眾人推舉威島的法師耿瑟作為新任的大法師並向他宣誓效忠，格得傷勢痊可後也得向他效忠。耿瑟拒絕了他的忠誠，新任大法師責備格得，「你是受到自尊和怨恨的驅使而施法的。……你召喚一名亡靈，卻跑出一個非生非死的力量，不經召喚便從一個沒有名字的地方出現。邪惡透過你去行惡，你召喚它的力量給予它凌駕你的力量：你們連結起來了。那是你的傲氣的黑影，是你的無知的黑影，也是你投下的黑影。影子有名字嗎？」這個地方曾經是格得大聲唸出歐吉安推薦信的地方，那時的他覺得自己是陽光傾吐的一個字。如今，黑暗也開口了：說了一個無法收回的字。

從毀滅、重建到完整

這段描述很好地對陰影下了注解：它是一個非生非死的力量。也就是說，它無從定義，不屬於任何一邊。或者用心理學的話來說，陰影是自我的一部分，卻是使人陌生的那一部分。那麼他究竟是「我」，還是「非我」呢？這裡的非生非死，指的就是這個意思。格得以為力量可以驅使黑暗，但黑暗卻重重回擊了他。反作用力與作用力一樣強大，使他從光明的寶座上被拉下來，連效忠都被拒絕。其實這番話已屢次被柔克島的師傅們說過，平衡、力量、光明與黑暗，但格得從未真的放在心上。

人總是在受過傷後成長，以此種意義來說，或許這才是格得真正的成年禮也說不定。臉上的傷疤會永遠提醒他，自己曾經犯過什麼錯誤。重要的從來就不是避免犯錯，而是反省與補救。非生非死的力量，是無法用光明的力量來驅趕或擊敗的，它超越了兩者。以至於不管是從哪一邊來看，它都非友非敵，無以名狀。意思是，我們之所以無法用光明來驅趕陰影，是因為兩者都是自我的一部分，自己無從反對或驅趕自己。我曾說過，這種既「是」也「不是」的狀態其實就是人生所有重要問題的答案。生命有意義嗎？是也不是。結婚比單身好嗎？是也不是。早已沒有親密關係的夫妻應該放彼此自由嗎？是也不是。這個自相矛盾的答案與狀態，不就是人的基本狀態嗎？冒險還是安全？保守還是進取？人生的一連串選擇基本上就是這類問題的延續。

黑暗也是如此。但不同的是，黑暗不僅有著矛盾的出身，人若認同它，黑暗便會為人生帶來毀滅性的結局。這點在《化身博士》與《黑貓》裡我們都已討論過。因此如何和這莫名、無名但又深具毀滅性的東西（也就是陰影）相處，正是所有想要追求完整的人一生的工作。深度心理學不僅看重各種人際關係（夫妻、親子、師生、手足），同時也看重人要如何變得完整。走向神聖，是這個學派最深的關切。

深度心理學小學堂 14：完整與神聖

對榮格來說，走向神聖便是心理治療的目標。而神聖在哪裡？首先就在我們的內心。他認為，潛意識中的自性即代表著神聖與完整，因此自我與自性的接觸和整合就是個體化的目的。該學派並不看重症狀的消除，分析時間也很長，通常以年來計算。曠日廢時的治療與神祕傾向使得榮格取向在一線的治療場域中並不受青睞，同時也遭實證心理學的反對。

05

降龍——與陰影的第三次相遇

故事梗概

格得開始節制自己的力量，不再顯露鋒芒，也變得比以往孤僻，不再和同學往來。賈似珀失去了消息，費蕖則順利成為巫師離開了柔克島，臨走前他們兩人交換了真名，這是友情與信賴的真正象徵。格得不久後也取得了巫師資格，出發前往下托寧島。

下托寧的西方有一座蟠多島，那裡住著一條老龍。那老龍近來生了八隻小龍，蟠多島缺乏食物，使下托寧區的漁民很煩惱，小龍長大後可能會飛離該島覓食，而他們首當其衝。所以他們請求柔克島派遣合格巫師來協助他們。龍在本書裡是一種遠古的生物，牠們使用的是人類已經失傳大半的太古語。此外，老龍能使用魔法，其精妙程度與人不相上下，更不用說牠們性格狡詐，人很難辨別牠們的話語真假。耿瑟大法師知道格得如果離開柔克島，將會失去柔克島的庇護，他不想將格得送入黑暗與陰影相遇。因此他詢問格得的意見，問他想走，還是想留？格得兩種願望都有，但他還是選擇了離開。

未加面對的陰影，容易投射到子女身上

這是一個長大的象徵。明知前方有困難，我們是選擇留在舒適區，還是選擇冒險？這將決定我們成為什麼樣的大人。齊克果說：「所謂的保有信心，就是勇氣十足地保留疑惑。」很好地說明了長大的兩難。並不是年紀增加就算大人，真正的大人是心理成熟的人。從這個觀點看，許多所謂的「大人」並沒有真的長大，只是年紀變老。如果只懂得順著安排好的人生往前走，那完全說不上勇敢，這樣的人生也沒有什麼好稱道的。諷刺的是，這樣的人就算上半輩子很順利，也往往會在人生的下半場中敗下陣來。因為進入親密關係，開始養兒育女之後，陰影很容易被投射到另一半或者子女身上去。柔克島提供了格得安全感，幫助他遠離黑影的侵害。但格得如果一輩子待在這裡接受保護，他就永遠不會長大。在安全與冒險之間，年輕人通常必須自主而堅決地選擇後者。

他來到下托寧後，第三次遇見了黑影。這次是因為格得冒險想要救治島民的小兒子，他已經多次聽過藥草師傅的告誡：傷可治、疾可療，垂死的靈魂只能由他去。易言之，在死亡面前任何人都無能為力，醫者跟病人都只能順應天命。但格得不忍母親的眼淚，他顧不得自己，集中力量用自己的靈魂去追趕那孩子的靈魂，要把他帶回家。

他看見男孩跑在他前頭，他奮力追趕，追得太遠了。他已經遠離生者的世界，深入了黃泉，四周全是他認不得的黑暗。他一察覺後想要轉身已經非常困難，只能慢慢地尋原路緩緩回去，就在這裡，他與陰影第三度碰面了。這一次，黑影站在生者這一邊，格得卻站在亡者那一邊。他只能選擇轉身進入死者之地，或者跨越陰影回到生者的世界去。他選擇舉起法杖，放出白晝般的光芒與陰影對決！他縱身一躍，感覺墜落，之後就失去了意識。在旁邊的島民跟女巫只看到法師跟孩子似乎一起死去了。

智者不會與其他生命相離

陰影從來沒有離開，他一直潛伏在我們身邊，哪怕是格得進入了黃泉，也還在交界處等候。格得犯的錯很清楚，他違背了自然的道理。醫者可以對付傷病，卻無法救治生命。病人往往錯誤地給了醫生或醫學過高的期待。在生命之火行將隱滅之際，人唯一能做的就是接受和放手。不當地使用各種設備與器材去延緩病人的生命，只會帶來苦痛，讓當事人在生與死之間的交接時刻更為難熬。不過如果細看就會發現，格得這次不是為了榮譽或自尊心，而是為了不捨之情。他面對陰影的態度也有了轉變，他選擇與之對抗。

格得看似死了，卻被自己的小寵物歐塔克救了回來，牠本能地舔著自己的同伴，將他從幽冥深處喚回來。從此以後他就明白，有智慧的人一定不會與其他生命相離，不管那生命有沒有語言。雖然他一度鼓起勇氣對抗陰影，不過甦醒後的他不停地陷入夢魘。他夢到陰影伺機靠近自己，想奪走他的力氣，吞噬他的生命。格得對自己的軟弱很憤怒，但憤怒沒有用。他想尋求保護卻沒有屏障。他不知道怎麼對抗它，因為陰影沒有名字，沒有肉身，沒有靈魂，也不存在。它根本不受任何律法控制。為了逃避這股恐懼，他選擇立即前往蟠多島屠龍！

教育不限於口頭的指引

寵物歐塔克象徵著格得的本能。本能守護著他，將他自地獄帶了回來。雖然小動物不會人類的語言，卻奇妙地與我們心意相通。牠們知道誰對牠們友善，誰又帶著惡意。似乎生命與生命之間能夠透過其他的管道溝通。心理學發現，飼養寵物對那些缺乏同理心或拙於表達情感的人來說都是很好的治療方式，這說明了許多時候溝通都是非語言的。若一位老師只仰賴語言去說服、去教導，效果通常很有限。因此我很反對純以行為改變技術、溝通技巧這樣的方式來輔導和教育學校裡犯錯的學生。明明它的成效並不特別凸顯，卻有許多老師迷信這樣的手段，只因為它被放在書本裡，有著明確的步驟。這樣說起來，人們似乎對程序帶來的安全感更為重視，而不是成效的大小。

人類的情感經驗發生在語言習得之先。光從這個簡單的事實就可以推論，語言絕不是安撫情緒的唯一工具，甚至不是什麼有效的工具。只懂得訴求意識，也就是訴求規則和程序的老師絕對是不合格的老師。哪怕唸到了很高的學位，熱衷編寫各種教育計畫，貌似專業的教師也是如此。他們根本不懂得人心的柔軟，只想控制學生的行為而已。

這段話也說明了對抗陰影的失敗。失敗的原因是什麼？在於格得選擇用光明對抗黑暗。我們無法用光明擊敗陰影，因為它們互為表裡，一如火與炭，人不可能只留著火的溫暖。正如傑奇博士想憑著意志力讓海德先生屈服一樣，最終只會被陰影吞噬。格得的行為是標準的挫折反應：攻擊（fight）或逃跑（flight）。他先是攻擊影子沒有成功，反遭恐懼席捲。因此他決定逃跑，主動攻擊佔據蟠多島的龍群。易言之，他並非出於勇氣而表現勇氣，乃是出於恐懼。龍群並未襲擊下托寧，他卻自己迎上前去。許多心理上未完成成年禮的青少年，之所以會以身試法的原因就在這裡。他們的潛意識謀求對抗，所以總會在各種地方找尋機會，一句無心的話、一個眼神，或者一個看似熟悉的背影都會激起他們的攻擊。作為大人的我們，有時需要給他們的不是保護，而是一個恰當的出口讓他們發洩怒氣，或者發洩恐懼。後者聽來很奇怪，但確實如此。能夠分辨這兩者的人，就是合格的諮商師。

故事梗概

下托寧的島民當然覺得這個年輕巫師很奇怪，認為他是瘋了才自尋死路。龍群並沒有攻擊他們啊！格得以法術馭風，想以最快的速度抵達。他安慰自己，至少是憑著自己的意志出來迎向危險。就算是死，但至少這一次他自由了，不用再受到陰影的威脅與驚嚇。在島上先迎向他的是還沒長大的小龍，他略施捆縛咒就讓小龍墜入海底淹死，一連殺了五隻小龍。最後老龍現身了，要求格得不要再殺牠的小龍。雙方展開了談判，但格得不要蟠多島的寶藏，老龍很快就看穿了他，牠告訴格得，牠知道是什麼東西在追捕他，牠知道那個鬼魅的真名。格得沉默了，耿瑟大法師曾說那個東西沒有名字，但龍的智慧比人還高，牠卻說那個東西有名字。龍在想些什麼，人是無法知道的，只有具備「龍主」資格的人才能猜透。

格得卻不要這個答案，他牢牢記住了自己來的目的：下托寧的安全。他告訴老龍，他的要求是龍群永遠不能威脅下托寧，但老龍不打算理會他，於是格得唸出了老龍的名字。他憑著對龍族傳說與古史的瞭解，已經猜到這條老龍是誰。老龍雖然怒不可遏，但也只能同意這筆交易。牠發誓，自己和牠的小龍永遠不去群島區。格得大獲全勝，全速回到下托寧，島民熱烈地歡迎他，但第二天他就趕忙回到柔克島，因為他必須躲避陰影的攻擊。然而，圍繞著柔克島的法術風卻讓船隻無法靠近。他明白了，陰影已經纏住他。因此法術風絕不會讓自己這個不祥之人靠近。他已經預見了自己的劫難，陰影已經越來越強大，隨時要取走他的一切。他只能寄託機運，隨機上一艘船，讓船隻帶他離開此地。

龍在東西文化中的象徵

龍象徵著什麼?這是另一個值得討論的問題。牠是一種混合著善惡，具有智慧的古老存在。中國人認為龍是祥獸，歐洲觀念中的龍則略有不同。考古學發現，龍的形象常被表意為圓，也就是說，龍被視為天，也就是宇宙的具象化。文獻裡有時則將龍捲風視為龍的現身，是大自然的恐怖面。此外，龍最開始的面貌也很近似於豬，也就是祭物，著名的玉豬龍手環就似乎是一個祭品，這類祭物或祭祀工具也被製成天圓地方的形制，高度不等。可見龍（或龍捲風）也被視為一種孔道，而且是天與人之間溝通的孔道。上述所引的考古材料與發現主要出自於中國。而歐洲也普遍流傳著屠龍的故事，屠龍者基本上都是聖徒或英雄。龍的邪惡在這些故事裡基本上等同於陰影，聖徒與英雄試著將陰影意識化，或至少是帶著「文明」教化那些野蠻人。東西方談的龍雖然不見得是同一種存在，但都不能否認龍的崇高地位與致命性。

因此我們可以將龍視為所有可怕的、天地原始力量的生物化象徵。格得的降龍正代表他試著開通與宇宙溝通的管道，龍的角色亦正亦邪，除非萬不得已，沒有必要與牠打交道。正因為蟠多島的老龍象徵著天地的原始力量，牠才能一眼看穿格得的需要與他的陰影的名字。

格得的行為很明顯是刻意送死，但他並非毫無準備，他已大概猜出這隻龍的真名。我們的人生路大抵如此，沒有人是在完全準備好的情況下進入職場、進入婚姻，以及養育子女。孟子云：「未有學養子而後嫁者也！」其意正是如此。所有的人生都只能盡力，這就是命運的真義。我們在時間的催促下，只能迎向它，只能努力奮戰，直到命運向我們揭曉的那一刻。當我們踏出第一步時就不能再回頭了，除非完成個人的命運，所以格得被柔克島所拒絕。他雖然成功地使老龍屈服，但他還沒有處理好自己的影子。作為一個巫師，亦即大法師的學習者，也就是我認為的一個完整的人，他的功課還沒結束。

巫師是溝通天地（亦即意識與潛意識）的橋梁，在東西文化中，他的角色可正可邪，是各個民族裡不可缺少又敬而遠之的對象。以巫師為職志的格得，目標同樣是成為一個跨界者，一個能使對立的兩極可以保持接觸的「完人」。而培育巫師這種神聖職業的地方自然不會接受一個作業只寫了一半的學生。畢竟成為一位「完人」，也就是個體化之路不容淺嘗輒止，降龍的舉動雖是壯舉，但比起征服內在的陰影這項功課依舊微不足道。老子說：「知人者智，自知者明。勝人者有力，自勝者強。」很明顯地，能夠向內看，理解自己，進而勝過自己的人，比起理解他人、勝過他人的人，在他的眼裡有著更高的評價。

06

流亡、與陰影的第四次相遇、太古石——內在的誘惑

故事梗概

格得踏上了流亡之路，命運帶他來到黑弗諾島，陰影尾隨其後，格得惡夢不止。一位不知名的巫師指引他前去鐵若能宮，鐵若能宮位在荒地上，格得在路程上再度被陰影襲擊。這次他的法杖沒有再發揮效力，因為陰影已經吸光他的巫力。他感到陰影想要侵入自己的肉體，把他由裡而外吞噬。格得的法杖燒了起來，失去了用處，他只能轉身逃跑。陰影一再地在他身後呼喚他的名字：「格得！」格得只能靠僅剩的體力在雪地裡奔跑，陰影一直叫他投降、放棄、停止。但他仍拚命爬上一個幽暗的長坡，前面似乎有個聲音在他頭上叫著：「來！來！」待他看到長坡後的大門時，格得已經耗盡體力，倒了下來。

格得醒來後發現自己躺在床上，一位美麗的女子向他問候。他想不起她是誰，但

她卻呼喚著他的名字：「雀鷹。」他已經身處鐵若能宮內，奇怪的是，陰影似乎受到了阻撓，無法進入這裡。他在這裡待了數天，美麗的堡主夫人熱切招呼他，讓他心蕩神迷。她告訴格得儘管在此處休養，這裡有著不一樣的力量足以抵擋那追趕他的東西。終於，堡主夫人帶他去見識這塊被深鎖在城堡地下室的神祕寶石：太古石。石中禁錮著一個曠古而恐怖的幽靈，它會回答任何問題。女主人再三蠱惑著他，只有黑影能對抗黑影，只有黑暗能夠擊敗黑暗。如果格得想要打敗在圍牆外等著的東西，只要拿起這塊太古石就可以，到時他們兩人可以一起掌握整個世界。格得拒絕了，因為他知道凡事都有代價！

人與神相互依存

這段描述更深入地帶我們探索了無意識裡的東西。太古石超越了時間，遠在創世之前就已存在，並永存至世界末日。它只服膺有能力的人。然而格得最後還是清醒了，凡事都有代價！世上豈有免費的午餐呢？另外值得我們思考的，是先前歐吉安師傅、倪摩爾大法師，甚至格得自己曾三度以光明驅趕陰影，這招雖然屢屢奏效，但顯然不是根本之道。因為陰影的力量越來越大，甚至在格得發起攻擊之前預先吸乾了他的巫力。這再度證明了黑暗乃光明之母，徒有光明不可能擊敗陰影。我們必須另尋他法。城堡女主人在這裡就提供了一個完全相反的做法：以黑暗擊敗黑暗。這世上不是只有一種力量，一種魔法。亦即人世間不是只有一種價值觀。格得拒絕了這種做法，所以我們不知道這種方法是否有用，卻可以合理地推論，即使這種方法有用，格得本人也只會被另外一種黑暗給吞沒。

那追著男主角格得的，或許我們可以理解為個人層面的陰影。而太古石的黑暗力量，則可以將它理解為集體層面的陰影，因為它早於格得而存在，其力量甚至讓他的影子也無法靠近。美麗的城堡女主人是格得內在一直以來缺失的一角：女性的人格化面向。讓我們回憶一下格得的早年經驗，除了阿姨之外，他一直在父親身邊成長。後來的歐吉安師傅以及柔克島的同學師長，也都是男性。他一直跟女性很疏遠，因此其內在的女性面顯然是幼稚、低劣的。一旦她化身為榮格所稱的阿尼瑪，必定會以具吸引力又魅惑的形象出現。榮格相信，阿尼瑪很容易沾染陰影的特質，所以女主人才想方設法蠱惑格得，希望他拿起太古石，讓太古石成為格得的奴隸。格得拒絕了，否則我相信結果必定相反：他會成為太古石的奴隸。

太古石的力量是久遠不可知的力量，是柔克島的法師們也不明白的力量。然而這樣的力量雖然巨大，卻被禁錮在沒有辦法行動的石頭裡。易言之，力量需要一個活生生的人來表現自己，那個人本身也必須具有能夠駕馭力量的特質。具備大法師潛力的格得就是這個人。我們不妨換個觀點來看，太古石代表著神。我們知道，不僅是人需要神，其實神也需要人來展現自己，所以太古石才會希望找到人間的代言人。或許龍與太古石是很接近的存在，只是龍比起太古石更加自由，太古石則不具備生命的雛形。從這個觀點來看，我們也不能為了整合而犧牲意識的自我，人與神彼此需要，意識與潛意識亦然。整合不是放棄某一方，而是接近、理解，及認可每一方，直到對立的雙方被超越。這便是個體化之路的進程。

故事梗概

鐵若能宮的堡主偷聽到了這番談話，又驚又怒，他認為自己才有資格當太古石的主人。因此準備施法將他們兩人制伏，格得阻止了他，女主人帶著格得往城堡外逃逸。格得終於認出她了，她就是當年歐司可島上那個誘使他召喚亡靈的小女孩，女蠱巫的女兒！太古石釋放出了長翼的古老怪獸襲擊他們，他們兩人各自變換成海鷗與大鷹逃逸。變換成海鷗的女蠱巫很快就被抓住撕裂，變成大鷹的格得來不及拯救她，帶著憤怒絕望地飛向了海洋。

民俗傳說中的陰影

從另一個角度來說，黑暗的東西也有無法整合的部分，太古石就象徵這股力量。我們從民間的習俗與傳說裡都會發現，有些鬼魂說什麼也不能被安放，只能以強硬的手段回擊和驅逐。台灣各地都有王爺巡狩或者媽祖出巡的信仰，在神明出巡的目的中，有相當一部分是為了確保「庄頭」和村落的清靜。那些作祟的冤魂厲鬼會被驅離而不是收服，為什麼？

用心理學的角度來說，是因為陰影也有無法被整合的那一面。當我們在談論此議題時務必記住，陰影的內容有許多古老和非個人性的東西。個人的傷痛或許可以平復，對立的價值觀或許可以被肯定，但有更底層的黑暗卻說什麼也不能被接受。例如想要支解動物的欲望，凌辱他人的快感，或者亂倫的衝動等等，這些行為在任何一種文化中皆不被認同。那些被驅離的厲鬼就象徵著這種衝動，先民知道他們無法被「安放」在心靈或廟宇之中，因此才用儀式化的行為將它象徵性地驅離。這一部分日後在《傳說裡的心理學》中會再詳細說明。這裡談的太古石就是陰影中最深的黑暗，而格得很正確地拒絕了。

07

轉身——卸除人格面具

故事梗概

緘默者歐吉安比起以前更加沉默與孤獨了。某日他在弓忒島漫遊時，聽見了翅膀鼓動的聲音，一隻大鷹咻地停在他的手臂上。歐吉安沉默了一陣，「我猜想，我曾經替你命名。」格得穿越了大洋，回家了。他已變身成大鷹太久，失去了人的認同。只剩下老鷹的想法：飢餓、風、飛行路線。每位小男孩都曾經認為用法術任意變換身形很好玩，但這種遊戲其實有可怕的代價。當我們變換越久，就越容易失去自我、遠離真相。變形的次數越多、時間越長，面具就越容易生根，忘記自己原本的名字，然後死去。格得是在憤怒和悲痛中變成老鷹的，他長時間急速地飛翔，就是想逃離太古石跟陰影，但最後他只剩下老鷹的本能，遺忘了自己。但這本能卻領他回家。歐吉安幫他恢復人形後，格得像隻老鷹一樣冷酷、不悅又疲乏，第三天他才終於回神：「我這次回來，與我離開時一樣，都是傻子。」

變成他人的代價，是失去自己

我們都想變成誰，特別是孩子。他們長大後想當警察、老師、太空人，或者醫生、護士，有些時候，甚至單純地想當個大人而已。因為大人可以喝咖啡、可以熬夜看電視、可以玩手機。但這些表象的後面都有我們看不見的代價。是的，一切都有代價。最嚴重的代價就是失去自己。心理學家發現，人很容易因為角色的變換而執行不合理的命令，這是不知不覺中產生的，根本不用強制。許多青年對自己發誓：絕不成為眼前那個令人討厭的大人。但當我們開始擔負某種任務時，卻很快地就會讓那角色在自己身上生根，直到原本的自己消失。我們用對人格面具的過度認同來稱呼這個現象，同時也說明了自我其實是很容易迷惘的，讓自己依附在某個角色身上確實方便而且安全得多。冒險雖然帶來焦慮，但不冒險卻失去自己；安全固然可喜，但拒絕冒險同樣可憂。

歐吉安聽完了他這陣子的遭遇，肯定地告訴格得：「萬物皆有名。」格得很狐疑，但就算黑影有名字，「我想它也不會停下來把名字告訴我。」師傅只回答他：「你也不曾停下來把你的名字告訴它，它卻曉得你的名字……奇怪了，奇怪……」終於，他建議格得：「你必須轉身。」

這就是所有美好遭逢的祕密：轉身。光明無法擊敗陰影，黑暗也無法擊敗黑暗。

為什麼陰影會知道格得的真名呢？師傅聽完這一切已經明白了，但只有轉身和他相遇，格得自己才會得到答案。溝通的失效往往跟此有關，因為我們從未轉身。我們站著和孩子說話，而不是彎下身來。我們假裝和眼前的人對話，但心裡頭盤算著的只有自己的想法。轉身不只是姿態上的，更是心理上的。那是一種只有「我」與「你」的世界，沒有他人可以替換，沒有。

格得的功課就是逃到天涯海角，直到陰影成功地佔據了他的自我，透過格得的肉身和巫力去行惡，或者反過來追捕它，理解它是什麼。雪夜裡，他聽著師傅吟唱輕柔漫長的咒語和英雄行誼，那發生在好久以前的遙遠島嶼上，英雄對抗黑暗勢力而得勝或迷失的經過。清晨他便留下紙條：「師傅，我去追捕了。」

08

追捕與相遇——向黑暗啟程

故事梗概

他決定在海上與陰影對決，因為邪惡屬於陸地不屬於海洋，如果他失敗了，至少可以在海裡與陰影同歸於盡，以免陰影佔據他的肉身行邪惡之事。他在冬夜的海裡呼喚著陰影，格得覺得恐怖又畏懼，那股冰冷又黑暗的痛苦不斷耗蝕他的生命，但他仍舊等待，並堅持著往陰影的方向疾駛過去，但在行將碰面之時，那黑影竟然逃走了！黑影不斷逃逸，格得也加速追捕，直到撞上沙礁，小船翻覆為止。他勉強爬上了岸，在一個小島上登陸。沒想到黑影竟然沒有趁這時候解決他，反而逃走了。他在那沙島上意外得到了半個金屬的圓環。

從作者的說明我們知道，那是厄瑞亞拜之環，未來格得將在古墓裡尋得另外半個。我們日後在分析《地海古墓》一書時將再說明這個圓環的意義。

你們的孩子不是你們的孩子

他的師傅猜對了，一旦與黑影正面相遇，它就無法汲取格得的力量。現在主客異位，獵人成了獵物，獵物反而成了獵人。格得即將跨越一個又一個大洋，非與陰影碰面不可。他就是在這個時候取得半個圓環的，很顯然地，這明指著與陰影的相逢將是我們邁向完整的開端，但這只是起點，不是結束。格得還有其他的功課要完成，才夠資格被稱為一個大法師。在娥蘇拉．勒瑰恩的《地海古墓》裡，格得的考驗是內在的女性面，但現在他必須繼續追捕陰影。

是什麼讓格得轉身的？是家、啟蒙他的老師，與安全感。在他因為幻化成鷹過久，失去人類自我的時候，本能帶他返家。但他並非回去弓忒島的銅匠父親家裡，而是師傅歐吉安的家中。看來孩子的貴人不一定是父母，而是能在人生的轉折點中帶領他們走過的人。紀伯倫在《先知》書裡談孩子，「你們的孩子並不是你們的孩子。他們是生命對自身的渴求的兒女。他們藉你們而來，卻不是因你們而來。儘管他們在你們身邊，卻並不屬於你們。你們可以把你們的愛給予他們，卻不能給予思想，因為他們有自己的思想。你們可以建造房舍蔭庇他們的身體，但不是他們的心靈，因為他們的心靈棲息於明日之屋，即使在夢中，你們也無緣造訪。」

只有人格可以教導另一個人格

父母真正的成就不是孩子的成功，而是孩子的成長。那些通過了現實考驗的孩子不見得就通過了人格的考驗，這在現代社會中是一件可喜又可悲的事。這樣的孩子往往在拿到好成績，進了好學校後不見得會繼續買父母的帳，他們在知識上面超過了父母，但偏重世俗成就的結果，就是他們學會用世俗標準的眼光回頭評價自己的父母親。這是一件再悲哀不過的事。是什麼讓這些孩子的人格走樣的？社會文化固然影響很大，但家長本身也難辭其咎，因為孩子看著我們的背影長大，我們的一言一行、一舉一動都會透露自己信奉的價值觀。只有人格可以教導另一個人格，這件事我們無法讓他人代勞。我們看看師傅歐吉安怎麼鼓舞疲憊的格得，他以身作則，然後吟唱著古老的英雄史詩，那些偉大的事跡總會啟迪我們，以一種輕柔而漸進的方式。現在雖然已經沒有英雄了，但父母仍然是孩子們的英雄。

以自己的故事和孩子的內心相遇

父母親如果能多講述家族的歷史、年輕時的經歷，用一種真誠的態度而不是說教的語氣，其實就會發現多數的孩子都喜歡聽故事。因為我們需要知道自己從哪裡來，要怎麼定位自己。有的爸媽會擔心自己的辛苦事跡會讓孩子承擔太多壓力，這完全是多慮了。能活在歷史感裡的孩子是幸福的孩子，特別是對未來感到茫然的青少年來說，家族的歷史和父母親年輕時的奮鬥過程會提供他們方向感，從而對自己的出身有更高程度的認同。

在沙島上岸時，格得已經明白了，現在已經沒有追捕陰影的必要，因為他們之間現在已經建立起牢不可破的環節。他們雙方都逃不了彼此，只待最終交鋒的時刻到來，他們就會相遇。但在這一刻來到前，格得都不會安心。「他現在明白，儘管這番道理很難懂，但他的任務絕不是去抹殺他做過的事，而是去完成他起頭的事。」他離開沙島後繼續漫遊，追尋陰影。他來到了易飛墟，好友費蕖就在那裡擔任巫師。

09

陰影的名字、世界的盡頭——本自完整的自己

故事梗概

陰影在他來到的前兩天就已路過了易飛墟島，格得雖然有任務在身，但仍很高興能在異鄉與故交重逢。費蕖的父親在生前是頗富資產的海上貿易商，現在家裡除了大哥費蕖外，只剩下他的弟弟與妹妹。他們家裡一切秩序井然、安寧富足，這是格得從未有過的生活。費蕖知道了格得的任務，沉思良久，他決定跟格得一起去。費蕖相信如今這也是他的任務了，如果格得成功，那麼費蕖就把這個旅程編成詩歌；如果任務失敗，費蕖就要負責讓陰影葬身海底，不能上岸危害世人。「巫師不會不期而遇。」他們兩人陷入沉默，凝視著火焰。格得偉大的旅程如今多了一個同伴。

每個偉大的旅程都需要一個伙伴

費藻的加入回應了男人童話的主題，那就是伙伴。在《哈比人》中，主角比爾博．巴金斯有矮人和巫師作為伙伴，這趟偉大的旅程將教會他們：友情比黃金更重要。作為幫手，伙伴不見得真的提供什麼實質的用處，因為功課一直在英雄自己身上。但是作為見證者，伙伴卻穩定地提供了情感上的支持，否則英雄就無法走到最後。在《魔戒》中，若不是山姆的陪伴，佛羅多就無法走完整趟驚心動魄的危險旅程。這件事本身相當接近心理諮商的過程，因為諮商師的角色在某種程度上也是當事人的伙伴，陪伴他一起走向治療的終點。

格得已經明白，陰影其實就是他自己的產物。如果他軟弱下去，陰影就會佔有他。但如果他想直接抓住陰影，它又會化成煙霧。除非格得知道他的名字。費藻的小妹雅柔是格得第一次遇到的友善而端莊的女性。這是他與阿尼瑪的重要相遇，暗示了他即將進入潛意識最深的黑暗，完成最後的轉化。接著他與費藻離開了易飛墟，往無盡的大海前進。

回到伙伴議題，心理學大師阿德勒 Alfred（Adler, 1870 - 1937）就非常注重「合作」的重要性，他強調丈夫的責任就是將妻子視為伙伴，以平等尊重的態度來經營婚姻。若不如此，妻子就無法以平等尊重的態度來教養孩子。對阿德勒來說，一個能以伙伴之情與人開啟合作的孩子才是擁有健康自尊的孩子，才能夠用對社會有益的方式來克服個人的自卑感。在二十世紀初，阿德勒的觀點可謂開風氣之先。著名的童話心理學大師艾倫・知念（Allan Chinen, 1952-）也多次強調同性「伙伴」原型的重要，他相信這是我們能走向個體化的關鍵之一。閨密與兄弟不僅是我們投射陰影的對象（想想手足之間的衝突就明白），同時也是激勵我們變得更好，陪伴我們走過難關的對象。心理學也發現，平均而言，有手足的孩子有著比獨身子女更好的社交技能與人際關係，同時在親密關係中的幸福感也比較高。當然獨生子女也有其在學習成就上的優勢，但我想手足與伙伴對人的益處實在不言自明。

深度心理學小學堂 15：艾倫・知念

艾倫，知念是著名的童話分析師，他研究的主題橫跨中年、老年、女性與非典型男性等童話。不同於那些以青少年、王子、英雄為主角的故事，他更看重那些主流童話外的少數族群。在解讀童話時，他不僅使用榮格的觀點，同時也注重童話裡的道德教訓並使用不同的心理學角度來分析，因此自成一格。

故事梗概

他們兩人不再使用法術駕馭風帆，因為此時任何一個舉動都可能破壞宇宙的均衡。在光明與黑暗的交會處，一切只能順應命運，不能任意使用法術。他們沒有選擇任何航線，只是憑著格得的直覺往必要的方向而去。他們一路往東南方，越過地海世界的最東隅，進入了開闊海。那裡是世界的盡頭，從沒有人駕著船從那裡來，也沒有任何想要從那裡尋找答案的人成功回來過。在那裡，格得第一次使用了法術風。冬季的風雨一夜又一夜地下，整整八天，他們輪番休息，不停追逐，越遠離陸地，法術的效力越見削弱。第八天，格得突然在船首站了起來，出聲唸咒，法術風止息。他們的船在浪濤上高舉又落下，但沒有往任何方向移動。海在他們面前漸漸地變成了陸地，格得拿起法杖下船，往前方越行越遠。

他的法杖發出巨大的白光，光明的邊緣處有個黑影，正越過沙地向他靠近。起初它沒有形狀，但在靠近的途中漸漸有了人的外形。格得舉起法杖照耀它，它的人形不斷脫落，變成一團漆黑。寂靜中，他們兩人迎面相遇，雙方都止步了。格得打破萬古寂靜，大聲而清晰地喊出黑影的名字；同時，那沒有唇舌的黑影也說出了相同的名字：「格得。」兩個聲音合為一聲。格得伸出雙手，抱住他的影子，抱住那個向他伸展而來的黑色自我。光明與黑暗相遇、交會、合一。

人本自完整，卻從不自知

開闊海，世界的盡頭，那裡是沒有終點的終點，英雄要在那不知道什麼地方找尋不知道什麼東西，一如每個偉大的故事。光明與黑暗都無法驅離陰影，因為陰影不是源於別處，它就源於光明自己。我們能做的，只有與它正面相遇。我們已在前頭提過，光明源於黑暗，但其實黑暗也源於光明。陰影是我們自我認同的一部分，在社會化的過程裡被我們拋棄而剝落。但那些被否認的殘餘物仍會試圖回到它應有的位置，要求被意識的自我承認。這就是為什麼格得終於知悉了陰影的名字，陰影就是他自己。他們相遇互擁的那一刻，光明與黑暗交會合一，格得獲得了完整，得到了自由。因為他終於與內心的自己保持一致。

我們將在這裡迎來下一章的主題：個體化。人本自完整，卻從不自知。我們藉著佔有更多東西來維持虛構的完整感，卻不知道完整一直存在。深度心理學是走向完整的心理學，而接納陰影就是使我們能得到完整的第一步。這一點，娥蘇拉・勒瑰恩很成功地在這個故事裡為我們描述了這個過程。

開闊海也是我們內心潛意識的源頭，從沒有人從那裡駕著船來，也沒有任何想從那裡尋找答案的人成功回來過。格得走進的是前人未抵達之境，我們每個人的內心都有那樣的地方。任一個曾走進開闊海又順利返回的人都會體驗到眾生一體的普同感，進而升起自然的慈悲心，因為那裡會教會我們，每個人都是孤獨的。在這一點上，眾生是如此平等。不論富貴貧賤，不論外表血緣。那裡是黑暗所能躲藏的最後之地，那裡什麼都沒有，除了被否認的自己。

這是一個真正的英雄故事，因為邪惡不僅從他的內在給投射出去，又被他從外界重新認同回來。宇宙保持著均衡。一個偉大的法師、完整的人，同樣如此。它是魔法的奧祕、命理學的真義，也是所有偉大求道者的追求。《地海巫師》以極深刻的方式讓我們明白了這點，娥蘇拉・勒瑰恩因此向世人證明了自己無愧於當代最偉大的小說家之一。

我們的根就在黑暗中，土地是我們的國度……希望不從上方來，而從下面來。希望不在令人眼盲的強光裡，而在孕育生命的黑暗中，希望在那人類長出靈魂的黑暗之中。

——娥蘇拉・勒瑰恩（1983）

結語

陰影是我們成長過程中所排斥接受的自我，因為它違背了我們的認同，因此被壓抑至潛意識內，甚至被投射在外界。所以我們總是看這個人不順眼，對某個族群、朋友或黨派覺得很不滿意。那些我們身上沒有的東西不會困擾我們，對抗陰影是我們年輕時的功課，但只有真正的英雄才會在故事的結尾處發現，惡龍不是別的，牠就是黑暗的自我。愛與恨原來都源於自身。只有到那一刻人才會明白，真正的成就不是在職場、學歷還是收入上勝過他人，真正的成就是與自己的和解。那一刻我們轉向自身，向陰影伸出雙手，原先分裂的彌合了，我們終於在自身之內找到了可以安頓的家園。因為理解了黑暗，我們迎來了光明。

肆：個體化

心靈的分解與重組

個體化是一輩子的創作歷程。分析師莫瑞・史丹說，當瑞士心理學家榮格提出這個概念時，主要是以兩個方向的運動來說明。第一個運動和分析、拆解潛意識有關，用鍊金術的話語來說，就是分離（separatio），亦即分開混合的物質。第二個運動需要小心、持續地注意來自集體潛意識的原型意象，這些意象會在夢中、或日常裡的巧合中發生，此運動會把潛意識的題材帶到意識生活裡，在鍊金術的用語中稱為合體（coniunctio）。也就是說，個體化一方面分解原有的心靈，一方面將心靈重組為新的整體，它無法只透過一種方式來充分發揮其潛力。

前文提到的瑪麗－路薏絲・馮・法蘭茲進一步解釋這個概念，她認為個體化的觀念可以部分地用現在流行的「自我實現」來說明，只是榮格的原意指的並不是意識層面的自我，而是靈魂內在那個更神聖的部分。我們大概可以這樣區分，意識的自我追求的是與外在建立適應性的關係，潛意識的神聖部分（榮格用自性來說明），追求的則是與內在建立關係。只有在後者的層次上，我們才能宣稱自己成為了一個獨特而完整的人。如果我們與內在缺乏聯繫，不論如何我們的心靈都會是分裂的，一如第三部分中我們談的人格面具與陰影那樣。

在本書的最後一部分，我將以《哈比人》、《綠野仙蹤》為對象，逐一分析這些小說所蘊含的成長路徑，它所隱含的心理學意義我認為才是這麼多世代的人都受其吸引的深層原因。此外，這

深度心理學小學堂 16：個體化

個體化是榮格最重視的觀念，同時也是心理治療的目標。他相信「樹」足以象徵個體化的動態歷程，因為它的根深植於黑暗的無機物（亦即土壤／潛意識）中，但它的枝葉卻向著天空伸展。而「曼陀羅」圖畫則是個體化的靜態表現，通常它的表現形式是外方內圓，對稱的四周圍繞核心的「自性」（圖畫裡通常用圓點、上帝或其他神聖的象徵來表示）層層發展演繹出去。若用我的話來說，個體化就是求道證悟的歷程吧！

兩篇作品中的主角分別是中年男性與年輕女性，我認為這也很適合拿來當作對比，說明不同世代與性別的人如何面臨和跨越這些問題。個體化是一件困難且複雜的工作，如果沒有向內看的勇氣，說什麼也不可能開啟這趟生命中最驚心動魄的旅程。

個體化同時也是最難描述的一件事，縱然我們知道它是一個先分解後融合的過程，但這條路上所遭遇的細節卻人人不同。在這件事情上，所謂的邏輯順序似乎並不屬於這個領域，雖然其基本事實大致相同。個體是獨一無二的，他的遭遇也將獨一無二。這是為什麼在我看來，世界各地的傳說與故事都隱含了個體化的經歷，正是這些經歷告訴我們：人人都是，也都能成為自己生命裡的英雄。

PART — 8

《哈比人》

男性的個體化旅程

01

不速之客：搗蛋鬼與冒險——危機與召喚

故事梗概

在地底洞穴中住著一位哈比人，這可不是那種又髒又臭的洞穴，而是哈比人居住的洞穴，它是舒舒服服的同義詞。這座洞穴有個綠色的大門，正中央有個黃色的閃亮門把。客廳非常舒適，有著精心裝飾的牆壁，地板上鋪著地毯和磁磚，四周還擺放著許多打磨光亮的椅子。這名哈比人生活相當富裕，他姓巴金斯，名字是比爾博。他們是相當矮小的種族，大概只有人類身體的一半高度，也比長了大鬍子的矮人族還要矮。通常他們的肚子上都會有不少肥肉，喜歡穿著鮮豔的衣服，不穿鞋子。哈比人擁有靈巧的褐色手指、開朗的面孔，笑起來更是十分爽朗，大笑是他們的必備節目之一。一直到五十歲左右，他都還安安穩穩地住在父母留下來的地洞中，可說是與世無爭。

中年危機的成因

我們仔細看這段關於哈比人的描述，已經可以猜出這段精彩的故事將會發生在誰的身上，就是這位矮胖的哈比人。他是一位過著安穩生活的中年人，經濟富裕、沒有家累，舒舒服服地在父母留下的好房子裡過生活。哈比人住在洞穴裡，身高只有人類的一半，這個由作者托爾金創造的新種族是一個標準的中產階級象徵。在童話故事裡，矮人通常與土地緊密相關，代表我們天真的本性或者貪婪的慾望。但托爾金已經告訴我們，哈比人跟矮人並不相同。他們更與世無爭一些，而且從事務農的工作。因此哈比人可以說就是我們對安全的嚮往，以及人類對於安穩生活的本能驅力。這是為什麼他們的身高只有人類一半的原因，因為他們沒有活出人類的全部潛力，他們只活出了一個完整的人應該有的其中一半。

追求安全與追求可能性（也就是冒險），是人類的重要衝突。我們的每種選擇都受到這樣的心理拉扯，是結婚呢，還是保持單身？是離鄉工作呢，還是接下家業？對許多人來說，甚至可以是繼續倒頭就睡呢，還是起床上班？本書的男主角比爾博就是一個世故的中年人，他一點都不想偏離他舊有的生活軌道，當巫師甘道夫來到這座哈比人的城鎮尋找共同冒險的伙伴時，立刻就遭到了比爾博的拒絕，他這樣告訴巫師，

「我們可是老老實實過活的普通人，不需要什麼冒險。這是很讓人頭痛、又不舒服的東西，會讓你來不及吃晚飯！」這是為何許多人會在中年時遇到心理危機的原因，因為他們內心那個一直沒被發展好的另一半已經蟄伏了太久。只需要一場小意外，加上一點過去被壓抑太深的好奇心。

故事梗概

不知來自何處的巫師甘道夫來到了這座小鎮，這位身材高大的巫師說，他正在找人參加一場未來的冒險，但怎樣都遇不到伙伴。閒聊過後，比爾博急著打發他，匆匆地關上門。沒想到甘道夫竟然在門外刻下了奇怪的記號（意思是：飛賊想要好工作，尋求刺激和合理的報酬），到了第二天下午，前門傳來了震耳的敲門聲，一位自稱德瓦林的矮人不請自來，進到他家裡一起吃起了蛋糕。然後是矮人巴林、奇力、菲力、朵力、諾力、歐力、歐因、葛羅因、畢佛、波佛、龐伯，以及他們的首領索林。甘道夫也來了，總共來了十三位矮人和一位巫師。他們毫不客氣地在比爾博家裡大吃大喝起來，完全沒有說明來意。酒足飯飽之後，他們拿起了樂器開始唱起了古老的歌曲：越過冰冷山脈和霧氣，到達低深地窖古洞裡，我們需在天亮前出發，尋找美麗黃金所在地。……

搗蛋鬼的益處

巫師是誰？他們是逸出生活常軌的人，想想我們生活周遭的乩童、巫覡、或命理師，他們就跟故事裡的巫師一樣，是介於規範與意外之間的模糊存在。人們只有在遇到複雜難解的事情時才會想起他們，平時並不看重這樣的人物。我們可以將他想成比爾博・巴金斯這位與現實太過貼近的中年人，其內在潛意識釋放出來的訊息。甘道夫的出現提醒比爾博，改變的時刻已經到了。他自作主張地為比爾博應徵了一份飛賊的工作，因此揭開了冒險的序幕。從這點出發，甘道夫也可以被視為一位搗蛋鬼（trickster），神話中的搗蛋鬼最喜歡破壞原有的規範與制度，他們的行為乍看之下雖然可恨，但往往會為社會帶來意想不到的益處。他們熱衷戲法，愛捉弄他人。一如希臘神話裡的赫密斯捉弄太陽神阿波羅，太陽象徵人類的意識與目標，剛誕生的赫密斯卻毫不留情地嘲諷了他。神話中的搗蛋鬼總是

巫師是逸出生活常軌的人，他們跟命理師、乩童一樣，似乎活在規範以外的世界。當甘道夫拜訪了比爾博的那一刻起，後者的生命就轉往了全新的方向。

會打破既有的規矩，帶來可能性。想想剛學會說話的孩子，他們小小的腦袋不也裝了許多莫名其妙的問題，讓父母親啼笑皆非嗎？此時的孩子破壞性驚人，卻能意外地推翻爸媽心中的許多成見。他們同樣可以是搗蛋鬼的代表。而甘道夫則是一位很會製造煙火，帶來歡樂氣氛的巫師，他會在宴會中說出許多精彩萬分的故事。而他故意在比爾博家門口的惡作劇也將為這個日子一成不變的中年哈比人帶來人生中最精彩的冒險。

十三位矮人同樣有意思，他們跟哈比人所象徵的發展不全的人格不同，他們不只在地洞中生活，也在地洞中工作。換言之，他們是我們潛意識裡的居民。在作者的描述裡，我們知道書中的矮人族熱衷黃金與珠寶，他們顯然代表人們內在貪婪與執著的面向。雖如此，他們也象徵著內心的直覺，矮

深度心理學小學堂 17：搗蛋鬼

榮格認為，搗蛋鬼是集體潛意識的原型之一。民間常形容這類人物是「被愚弄」或「被欺騙」的對象。在雨果的著名小說《鐘樓怪人》中，醜陋的男主角加西莫多就是這樣的人物，在故事一開始他就因為這樣的相貌被推舉為「愚人教皇」（也就是醜人冠軍），他們是負面的英雄，這類儀式的瘋狂和放縱完美地展現了搗蛋鬼的特色。北歐神話的惡作劇之神洛基也是這樣的人物。

人知道一場偉大的冒險已經開始了。這從他們的歌曲中可以發現：

越過冰冷山脈和霧氣，
到達低深地窖古洞裡，
我們需在天亮前出發，
尋找美麗黃金所在地。

這場往內心深處的旅行雖然危險，但盡頭處卻是美麗的黃金，也就是神聖的內在自我的象徵。而這對明顯代表著感官功能的中年哈比人比爾博．巴金斯來說，代表直覺的矮人出現得正是時候。問題在於：當冒險的邀請到來時，我們當中有多少人敢收下它？

這便是個體化的開端。

每個數字都有其表徵

我想在這裡談談數字，數字的神祕意義早在希臘時代就已充分討論，經歷中世紀和文藝復興的發展，靈數學已經成為神祕學的重要分支。而《哈比人》中這支龐大的冒險隊伍，人數上也有著有趣的數字意義。十三位矮人、一位哈比人、一位巫師。這支冒險隊理論上是十四人，巫師甘道夫只是陪行的伙伴，旅途的後半段他便離開了矮人遠征隊。十三是一年裡的月亮週期，對以太陽神崇拜的基督教文明而言代表著死亡。但別忘了，十三卻是女神信仰的重要數字，因為他們會在一年的第十三個月慶祝新年。換句話說，十三象徵著我們內在的女性面向，由她來喚醒比爾博過度安逸和逃避潛能的人生最合適不過。十四接在十三之後，在塔羅牌中象徵著進一步的整合與重生。比爾博只有答應矮人的邀請，才可能走向個體化，迎接更深的人格統整。有趣的是，十四本身也象徵著遠行。但如果把甘道夫給算進去，那麼矮人遠征隊就有十五人。十五在塔羅牌中代表惡魔，也就是陰影。甘道夫的搗蛋鬼身分非常符合這個描述，他是鼓勵比爾博挑戰未知，開展冒險的重要推手。

塔羅牌「惡魔」

惡魔是塔羅牌大祕儀中的15號，代表著我們的物欲、財富，同時跟月亮牌一起象徵著我們的陰影。我認為它可被連結為鍊金術中的「黑化」過程，是個體的自我逐漸消融的第一階段，也是個案開始認識人格面具下的陰影的階段。比爾博就走向了這裡。

02

食人妖與半獸人——本能與陰影

故事梗概

這首歌曲唱畢後，矮人和甘道夫終於說出了他們的來意，他們需要一位飛賊加入孤山遠征隊。索林的祖父是被稱為山下國王的矮人王，他們在孤山裡建造了大量的隧道和廳堂，那裡挖出了許多的黃金跟珠寶，富甲一方。然而好景不長，同樣貪欲著黃金的北方惡龍也被這批財富給吸引來，其中最強壯的一隻稱為史矛革，牠口吐大火，沿途燒殺擄掠，摧毀了索林的祖國以及鄰近的人類城鎮，牠將所有的寶藏全部搜刮聚成一堆，因此孤山山脈那一帶變得杳無人煙。逃出來的矮人們無不夢想著有一天能重返故土，光復孤山，將歷代積累的寶藏給奪回來！而比爾博就是甘道夫推薦的第十四位伙伴！一覺過後，所有的矮人早在他起床前都上路了，比爾博也就順理成章地把這件事給拋在腦後。他這把年紀了，哪還能想著什麼冒險！但突然間，他不知道哪根筋不對，打開門拔足狂奔，接上了在旅店門口整隊出發的矮人們。探險就此展開。

越遠離城鎮，天氣越壞。在野地裡，他們遇到了三隻食人妖。食人妖是一種生性愚鈍，卻異常高大的人形生物。矮人們不是他們的對手，紛紛被擒，結果是靠著甘道夫的智謀，將食人妖拖到日出。食人妖最怕見到陽光，因為陽光會把他們化成石頭。在甘道夫施展的詭計下，這群食人妖全被陽光給收服了。遠征隊一行人找到了他們的洞穴，在那裡發現了上古時代由精靈鑄造的寶劍和整罈金幣。後來在瑞文戴爾的領袖愛隆的幫忙辨識下，才知道索林與甘道夫所撿到的分別是上古著名的「獸咬劍」與「敵擊劍」，但比爾博只拾得了一把沒有名號的小刀。

未能意識化的力量，將成為破壞力

食人妖跟矮人恰巧是一組對比，矮人顧名思義身形矮小，食人妖卻非常巨大。雖然兩個種族差異頗大，但從心理學的觀點來看，他們同是我們內心的慾望與本能。食人妖害怕陽光，因此代表著我們見不得人的慾望。佛洛伊德認為，我們的文明是以壓抑本能慾望而發展起來的，人類為此付出的代價就是各種精神官能症。只要看食人妖的洞穴就知道，那裡散布著金幣、鈕釦、發臭的食物與各種穿不下的衣物，顯見食人妖毫無區分地搜刮物品，根本不關心是否合用的問題。

現實生活裡也有這樣的人，他們捨不得丟棄各種東西，以病態的方式將它們囤積在家中。在我接觸過的案例中，它們收藏在家的「寶貝」包含了：各種車票、信箱裡的傳單、曾經翻閱過的雜誌、壞掉的馬桶、各式腐朽的木材與家具部件、大小不一的不鏽鋼製品、故障的水龍頭、傘骨和其他許許多多分辨不出來的東西，主要是金屬製品，因為他們相信金屬製品可以賣個好價錢。雖然精神疾病診斷手冊明確地將之命名為「強迫性人格疾患」，但如果我們將它想為內心的食人妖作祟，或許更為貼切。

見不得光的不僅是慾望，因為太陽也是意識的象徵，意識用來區辨事物、釐清緣由，食人妖的愚鈍就跟逃避意識有很深的關聯。他們任由自己待在渾沌的暗夜中，因此也象徵著內心未發掘的潛力，看看他們高大強健的身軀，就知道食人妖擁有一種質樸而純粹的力量，但由於這股力量未能意識化，因此無法用在有建設性的地方，只能用來掠奪村莊和屠殺人類。許多踏上個體化之旅的中年人都會明顯感受到這一點，他們開始能察覺內心有一種強大卻隱微的願望，想要去完成和嘗試過往人生沒有經歷的事。這是我們從故步自封轉往創新與冒險的重要一步。甘道夫在此處再次展現了他的搗蛋鬼特質，他模仿食人妖的聲音，讓愚痴的他們吵了起來，這才以拖待變，爭取到了日出。每個在現實生活中安穩度日的人，或許都可想想，我們的內心是否還有像這樣沒有被利用與發現的能量。

故事梗概

比爾博一行人繼續往前，原本濕冷的天氣開始轉好，到了野地的邊緣後，甘道夫領他們進入了瑞文戴爾，世上最後的庇護所。那裡住著人類英雄與精靈的後代，既美麗又舒服，領主愛隆也友善地招呼他們，他們在那裡得到了充分的補給與休養，直到夏至那天。愛隆認得各式各樣的符文，因此他認出了那兩把斬殺半獸人的名劍。同時他也認出了索林地圖上的古老文字：月之文字。上面寫著：「當畫眉鳥敲打的時候，站在灰色岩石的旁邊，落下的太陽藉著都靈之日的餘暉，將會照耀在鑰匙孔上。」都靈之日是矮人新年的元旦，是秋天的最後一個滿月。看來要躲過惡龍史矛革進入孤山，就必須走這條地圖記載的密道才行。

個體化的初步成果

城鎮是文明的中心，比爾博與矮人們是在野地，也就是意識的邊緣處遇見了食人妖，一旦覺察和利用了食人妖所象徵的龐大能量後，人會首次體會到融合感，它帶來一種奇特的靜謐，讓我們身心得到休憩。而這就是瑞文戴爾所象徵的意涵，它是世上最後的庇護所。而該處的領主愛隆，則是一個智慧而友善的英雄人物。然而此次的融合只是個體化之路上的初步成果罷了，其實這也是心理諮商中很常看見的初始成果。

當事人第一次指認出陰影、第一次向他人揭露自己的夢境從而獲得意義，他們的身心症狀因為這樣得到緩和，意識被擴張了，心力因此能從症狀裡被釋放出來運用在其他事物上。我的經驗裡，這個過程通常需要一年半到兩年左右的分析。你沒有看錯，諮商確實不是一件容易的事。從拒絕陰影到承認陰影是自己的一部分，往往得經過很長時間的拉扯。在這個過程裡，當事人很容易經驗到自己對諮商師有隱微的憤怒，因為諮商師拒絕與他玩「尋找替罪羔羊」的遊戲。都是老師的錯！都是妻子的錯！或者都是小三的錯！個案很容易將自己視為受害人，希望諮商師與他一起同仇敵愾。然而以深度心理學的眼光來說，尋找怪罪的對象同時也意味著丟棄改變的力量。如果責任能部分地放在自己身上，力量亦往往隨之而來。承認這一點，我們心理的能量就能獲得釋放。但更大的冒險還在後面。獸咬劍跟敵擊劍名號的出現，暗示著他們即將遇到新的危機。

夏至是一年當中日照最長的一天，換言之，從此刻開始陽光將逐日遞減，這對應著中年人的人生景況。而冬至則是晝最短夜最長的時候，暗喻著我們的死亡。都靈之日位於秋冬交界時（也就是冬至前）的月圓之日，在夏至結束的六個月後，這是進入孤山的時機。要是人們未能在此時到達孤山，就會失去尋得寶藏的機會。也就是說，意識自我的能量會隨著年紀逐漸耗散，如果我們不能把握時機，於中年（夏至）時踏上個體化之路，那麼在死亡來臨前（冬至）就會失去擁有完整生命的機會。

故事梗概

離開瑞文戴爾後，他們聽從愛隆的建議走安全的道路通過山谷。在很長的一段時間中，他們一直不停往上爬，這些年來，在這片荒野上已經滋生了許多危險和邪惡。人類被惡龍驅離之後，半獸人在底下的摩瑞亞礦坑裡祕密擴張。巨大的雷暴與大雨環繞在他們周邊，山谷中的石巨人也出來湊熱鬧，他們抓起身邊的巨石亂丟當作遊戲，砸碎山中的樹木，將石塊爆成碎片，風雨從四面八方而來，根本找不到防護之處。他們決定先找掩蔽，很幸運地，找到了前方不遠處的洞窟。雖然很擔心洞穴深處有無法預知的生物佔據，但此時也沒有辦法挑剔。果不其然，他們睡著後不久，成百上千的半獸人就從地底的裂縫處鑽了出來，一下子就把手足無措的矮人們全部擄到地底深處去了。尾隨其後的甘道夫在緊急時刻拿出敵擊劍（半獸人稱它打劍），從暗處突襲了他們。索林跟著拿出獸咬劍（半獸人稱它咬劍）狂殺了一陣，掩護其他矮人們逃走。混亂中比爾博被丟了下來，一頭撞上堅硬的石頭，就什麼也記不得了。

個體化的途徑人人不同

半獸人雖然能在陽光下行走，但畏懼日光。他們容貌醜陋、擅長戰鬥、性喜破壞，能夠攀附在高處移動。比起食人妖，他們似乎更具破壞性。人類退去的地方底下滋生了半獸人，也就是說，意識不及之處，陰影就會恣意蔓生。因此半獸人幾乎就是陰影的同義詞，他們人數眾多，卻相貌不明。所以在本書中，他們代表著陰影的集體面向。摩瑞亞礦坑因此長期來都是矮人與半獸人交戰之處，他們在這裡爭奪地盤，互不相讓。顯示本能與陰影總是彼此滲透，難捨難分的。精靈則是理想的人類形象，俊美長壽，而且高貴有禮，與半獸人恰成對比。他們兩者或許可以說是我們內心最耀眼與最醜陋的居民。打劍與咬劍，這批由高等精靈打造的寶劍會在半獸人接近時發出微光，半獸人則本能地痛恨它們。換言之，陰影痛恨光的驅趕。這兩把劍因為過往事跡的偉大而有自己專屬的名字，象徵著取得了自主的地位。更不用說劍是分割切除的工具，同樣象徵意識的功能。總是集體行動的半獸人盲流，當然非常排斥這兩把劍所代表的獨立意涵。

雖然愛隆建議矮人隊伍走安全的路，但顯然安全的路同樣充斥危險，個體化從來沒有確定的路標可以依循。惡劣的天氣、恐怖的石巨人環伺周遭，雖然他們努力地登山，結果卻掉入了黝黑的洞穴。半獸人從地底的裂縫中爬出來，將他們全數擄走。這層高與低的對比相當有趣，當我們自認為解決了食人妖代表的能量，心靈從瑞文戴爾這個庇護所內得到整補，然後踏上安全的道路往上攀登後，隨之而來的竟然是象徵著陰影的半獸人的突襲。

成長並非直線前進

山連結著洞，向前原來是退步。石巨人暴烈地丟擲石塊，阻礙了一行人的前進，這是在提醒我們，在更進一步的整合完成前，我們不可能取得登高望遠的資格。研究發現，憂鬱症狀同樣容易在緩解後不久重新惡化。因此有經驗的治療師都會特別注意剛取得治療成就的憂鬱症病人，要提防他們周邊系統裡的支持與資源太快撒手。

成長之路也是，嘗到甜頭之後如果掉以輕心，很容易從高處再跌回原點。這是為何我們會在經驗到意識擴展之後不久，通常是在半年之後，又會覺得一切似乎都沒改變。其實外境本來就沒有改變，變化的是我們的心境。人類畢竟是很仰賴習慣的動物，觀看事情的新視角若是未能持續下去，很快就會故態復萌。舉例來說，我想多數人都曾經有過減肥、運動或早睡早起的念頭吧？我們都知道這些習慣有益身體健康，但卻總是半途而廢。原因就出在我們的意志力，它其實是相當有限的資源。除非人的習慣與思考模式能完全自動化，否則在那之前，改變都會耗掉我們相當大的心理能量。古人說，學如逆水行舟，不進則退。良有以也！

到此時為止，比爾博都是跟著同伴一起行動的。但個體化終究是得一個人單獨面對的事，混戰之中他被丟下，他的冒險現在才開始。

03

黑暗中的謎語——與陰影面對面

故事梗概

比爾博醒來後，在黑暗中向前爬了很長的一段距離，直到他的手突然摸到一個冰冷的戒指為止。這是他生命的重要轉折，只是他現在還不清楚。他坐在地上，取出了匕首，結果它也發出了光芒。藉著寶劍的照明，他一路往前走。就這樣不停向下走，不知道堅持了多久，突然間，他毫無預警地踏入水中。他停了下來。在這個池子旁邊住著一個名叫咕嚕的生物，他矮小、黏滑，長著一雙有蹼的大腳，和黑暗一樣難以捉摸。他看見了比爾博，心中非常好奇，因為那不是半獸人，於是咕嚕悄悄地靠近了他。咕嚕有自言自語的習慣，這把比爾博嚇了一跳，驚問他是誰。咕嚕卻和他玩起了猜謎，這是他長久以來的娛樂。比爾博面對這個未知的生物，只能急著同意他的提議，以爭取時間來瞭解這個生物。咕嚕答應他，如果他輸了就帶比爾博離開此處；但如果咕嚕贏了，就可以吃掉比爾博。

除非經歷冒險，否則我們將一無所得

比爾博孤身走進了山脈的最深處。這是這場冒險故事裡，發生在他身上的第二場意外。第一場意外讓他離家迎向冒險，第二場意外卻沒有這麼吸引人，因為等在他前面的是黑暗、未知，以及死亡的威脅。個體化之路的前半段我們可以有人指引，但個體化的後半段哪怕是諮商師的陪伴也屬多餘。我在這裡提醒讀者注意一下他那把現在還沒有名字的匕首，比爾博此刻還不是個英雄，因為目前為止旅程上的麻煩事都不是他處理的，雖說他是男主角，但整體而言更像一個沒有主張與行動力的陪襯，因此享譽上古的寶劍不屬於他。這跟其他的英雄神話很不同。在後者中，寶物永遠屬於男主角，但比爾博在這裡只得到了一個沒有名號的小東西。也就是說，除非經歷冒險，否則我們一無所得。中年英雄必須創造屬於自己的寶物才行，這是中年故事與青年故事的差別之處。

他在黑暗中不知走了幾天，然後踏進了水池邊。也就是說，他已碰觸到潛意識的最底層。他將在那裡遇見咕嚕。咕嚕是一個有蹼生物，也是魔戒的擁有者。雖然此處對他的生平著墨不多，但我們可從他處知道，咕嚕的原名叫做史麥戈，也是一位哈比人。他受到魔戒的吸引，殺害了自己的朋友，從而墮落成這副模樣。他就是男主角比爾博的個人陰影。

故事梗概

咕嚕和比爾博彼此交互提問，誰都沒有把誰難倒。咕嚕已經猜膩了，急著吃掉比爾博。於是他決定想一個恐怖、困難的題目：「它會吞食一切，蟲魚鳥獸花草樹木，咬破生鐵，蝕穿金剛；將岩石化成飛灰，殺死國王，屠滅城鎮，滄海化桑田，高山成平原。」比爾博坐在黑暗中，想遍了所聽過的故事中的食人魔，但任憑誰也沒有這麼大的本事。咕嚕不斷靠近他，比爾博急著說：「時間、時間。」意思是再給他一點時間想想，沒想到，答案就這樣被他給矇對了。換比爾博出題，他無意間摸到了自己的口袋，裡頭放著先前撿到的戒指，於是他問「我的口袋裡有什麼？」咕嚕當然猜不出來。依照約定，咕嚕得帶比爾博逃出這個地方。咕嚕當然不依，但戒指卻滑上了比爾博的手指，剎那間，原本盯著比爾博的咕嚕突然無視他的存在，徑直地往前跑去。也就是說，比爾博隱形了！

魔戒的象徵

咕嚕對比爾博已經從好奇轉成了飢餓，顯然比爾博越是想逃避陰影，陰影就越是想要吞噬他。這裡我們看見了一般人面對陰影時的基本態度。偏偏陰影不是這麼容易打發的東西。山脈的最深處，地洞底的水池邊，咕嚕問的問題是，誰是世上最恐怖的人？——答案是時間。一般人認知時間的方式是物理性的，也就是將一天切割為二十四等分，然後再細分為六十分鐘，每分鐘分成六十秒。這樣的方式雖然方便我們計算，卻隱沒了時間的重要特質，那就是深度。廣度是絕對的（也就是一天二十四小時），人人相同；但經驗的深度是相對的。同樣的十分鐘，對試場裡的考生和試場外放暑假的學生來說簡直有雲泥之別。對昏昧愚痴的人來說，時光不過是需要填補的空白。但對得道的修行人而言，轉心動念之間即包含了萬古星辰。

這枚具有隱身能力的戒指就是至尊魔戒，被咕嚕帶在身邊數百年，比爾博卻因為這次意外得到了它。故事在此又是一個跌宕，他先是從高山跌落地底深淵，卻在深淵得到了魔戒。先不論魔戒的主人，這枚黃金戒指無疑象徵潛藏於潛意識暗處的自性。完整的圓是工藝技術的高超象徵。這也代表了我們內在自性的神性。圓也是施法時的基本陣形，圓內是神聖空間，與外在的世俗世界成對比。它劃清了界線，讓我們能夠專注於內在的修練。黃金歷來被視為不朽的神聖事物，因為它出於地底，卻不會生鏽，是永恆超越的存在。金戒指的意涵不言而喻。

當戴上金戒指時，比爾博就隱形了，這暗喻著在內在神聖本質面前，我們會經驗到自我當中的虛偽性。名字是自我認同最重要的核心，但那只是我們在世俗世界的一個代號，環繞名字而產生的種種經歷在自性面前突然間有了完全不同的意義。那種感覺既真且假，會使我們暫時忘卻自我，沉浸在更高深、更完整的意識裡。但我們不能就這樣放棄意識的人格層面，轉身擁抱潛意識，否則會落入另一種執迷。認識內在的神聖本性，然後回頭重估現實生活的價值，最終我們還是得以意識自我的認同為工具，才能用有益的方式豐富我們的生命。

若人只顧著沉浸在內心絕對的空無裡，那仍然囿於一端。禪宗大師們說得很直白，「吃飯的時候吃飯，睡覺的時候睡覺。」執著於「有」的人忽略了表象以後的如如不動的本質世界，執著於「無」的人則逃避了生生不息的現象世界。後者並不比前者高明。

自我意識是豐富人生的工具

人本心理學家馬斯洛在其名著《動機與人格》中提過，自我實現經驗有三種特徵：神祕性、分裂感的瞬間彌合、高峰感受。正是這樣的特徵使自我實現者會尋求一再重返這個自我實現經驗。但他也提醒，不能過分耽溺在這樣的經驗中。原因很簡單，因為現實永遠有效。這一點我們在第一章的兩個故事中都曾說明過。不論這樣的經驗多美好（不管你稱它為自我實現還是神祕合一），餓了就得吃，渴了也還得喝。此外，人在社會中還有其他數不盡的責任。責任不僅帶來壓力，它同時也是意義感的來源。這是存在心理學給我們的最大提醒。自由伴隨責任，責任伴隨意義。那些只想要自由，卻不想要責任的人，往往深陷於「無聊」與「無意義」的荒漠。所以前述說最終我們還是得以意識自我為工具，以有益的方式豐富我們的生命。

故事梗概

咕嚕假定比爾博往出口逃竄，因此拚命地往前跑，隱身的比爾博也就跟著咕嚕後面追。咕嚕似乎發現了什麼，他停下來四處嗅聞著。他擋在了比爾博前面，比爾博非常害怕，他決心奮力一搏，刺死這個恐怖的傢伙。但幾乎在同個時候，他的心中突然對咕嚕產生了混雜著恐懼和諒解的同情心。他收起匕首，打了個寒顫，接著不知道哪來的怪力和決心，他縱身一躍，跳過了咕嚕的頭，往前奔去。咕嚕伸手抓卻沒抓著，只能徒呼負負。一路蜿蜒向下的隧道開始往上延伸，比爾博終於看見了彎道盡頭的一道紅光，縱然那裡守著一隊半獸人，但他仍成功地透過隱形逃了出去。

越過陰影

與陰影相遇是走向個體化必然接觸的議題。比爾博想要殺死陰影，這犯了《地海巫師》裡的格得一開始的錯誤。陰影是我們自我認同的一部分，我們不可能殺得死它。幸虧他宅心仁厚，在動刀前罷手，躍過了咕嚕。這一躍雖然比不上格得唸出了陰影的真名，與它相擁合一，但同樣帶著深刻的禪意。這個中年的哈比人，一直以來舒舒服服地躲在自己的小窩裡，與現實太過緊密。一場意外將他帶離了原本熟悉的生活。冒險至此，比爾博已經不再是那個貪圖舒適，在生命的可能性面前怯於挑戰的哈比人，而是能夠與現實保持適當距離，擁抱自身潛力的人了。那一躍就是個證明。否則他就會重重地摔在地面上，被自己的陰影給抓住。

心理學家約翰・多拉德（John Dollard, 1900 - 1980）等人的研究已經告訴我們，逃避與攻擊皆是個體對挫折的反應，但比爾博的跳躍卻是一種超越。我們可以將超越想像成一種辯證關係，是矛盾的兩極在長久對峙之後，出現的第三種反應，或許稱之為「中道」也無不可。咕嚕與比爾博在地洞中的猜謎就處於這種對峙，比爾博或者被吃掉，或者殺了對方。在這種情勢之下，人沒有其他選項。然而潛意識卻可能替兩難的情況孕育有別於前面兩者的第三條路，榮格將它稱為「超越功能」。但如果簡單地將超越功能說成是中庸之道並不完全正確，它更接近於前述提到的「中道」，在佛家的說法裡，中道是「捨二不執中」，而非儒家說的不偏不倚，無過與不及。中道既不是左不是右，同時也不是中間，這才能被稱為「超越」。

也就是說，比爾博的跳躍既是超越也是回歸。如果他只有躍上高空，一如「永恆少年」那樣，卻未能安全地落入地表，超越就不算完成。這重新呼應了我們前述提到現實世界與本質世界的主題。人在中年後最易受到心理學、哲學或宗教的吸引，這莫不是因為我們內在有個聲音或無法言說的感受頻頻召喚我們的緣故，否則我相信讀者也不會有打開這本書的動機。我們或者逃避靈性，視它為迷信陳舊的騙人玩意兒，或者反過來陷於宗教的儀式與經典裡而不能自拔，兩者都是走錯了路。「覺」並不遠，比爾博待在長長的黑暗裡象徵著他的自我受困於某種迷茫難言的窘境，但當他面對自己的陰影（亦即咕嚕），並在無意間答出了時間之謎後，他認識了內在的光明。那一躍就是覺醒產生的瞬間，超越產生的瞬間。而後他將重回地表，變成一個完全不同的人。如果用「個體化」一時很難想明白，用「得道」或許更接近我們的文化。

故事梗概

比爾博逃出生天剛與伙伴們重逢後就遇上了半獸人的坐騎，也就是被稱為「座狼」

的狼群們追襲，正當危急之際，北方山脈巨大的古老鷹族出現了，他們是鳥中之王，驕傲、強壯、心地善良，同時也對半獸人非常感冒。甘道夫和鷹族們有交情，因而牠們挺身而出，不僅將半獸人與座狼趕跑，還把矮人們給救了出來。探險隊們更在甘道夫的幫忙之下住進了換皮人比翁的屋子裡，換皮人是山中的古代大熊後代，也有人說他們是人類初民的子孫。比翁有時是個強壯的黑髮男子，有時又是隻大黑熊。他不吃肉也不捕殺動物，靠著乳酪和蜂蜜過生活，和半獸人之間也一直存在嫌隙。比翁答應幫助他們，借給他們馬匹，帶上許多乾糧，沿途護送他們前往幽暗密林。他告誡眾人，那森林有許多魔法，所以萬萬不可離開那條道路。但甘道夫此時卻告訴大家，他得先離開了，剩下的旅程他們得自己走完。「畢竟這是你們的冒險。」

不同動物種族的象徵

冒險繼續展開，狼群雖是犬科動物，卻與一般的家犬不同，牠們是無法馴化的動物。牠們的近親，也就是狗兒們，是人類的好幫手，但狼卻會襲擊人類豢養的家畜。在這點上，狼的象徵很接近半獸人（所以叫牠們半犬也很適合），都是未完全意識化的衝動。我們的人格都只認識一半的牠們，其體內的另一半則是陌生、不可控制的。古老鷹族則不同，牠們的象徵接近精靈，因為牠們高貴、能夠飛翔，同時又是鳥中之王。座狼與老鷹一個在地面上行走，一個在天空盤旋，有著明顯的對立關係。所以這個橋段再現了我們內心世界的衝突。河合隼雄一律稱牠們為內心的居民，我認為相當妥當。

換皮人比翁則是食人妖的進化版本，半熊半人、在大地中遊蕩，但不同的是，雖然他仍存著相當的野性，卻相對和善許多。牠與動物之間是平等的伙伴關係，因此他不捕獵動物，也不吃牠們。而是以乳酪和蜂蜜為食。他的屋外有一大片花園，家具與擺設全是木製品，對矮人談的黃金與珠寶幾乎沒有興趣。換言之，他的存在接近於大自然純樸的那一面。他可以殺戮，但只針對半獸人和座狼，因此或許可以稱換皮人為原野中的守護者。比爾博在冒險的開頭遇見了食人妖，那時的他還是個自我探索的新手，但在深入山脈底部遇見了咕嚕之後，他第一次深入自我，碰觸了自性，從此變成一個不再只是想著私慾的人，這點我們將在後文見到。他的世界變大了，不再侷限於小小的夏爾，而是整個中土世界。他也不再是那個膽小怯懦需要矮人保護的哈比人，而是能獨當一面，在危機時挺身而出的勇敢戰士。

整合程度的高低決定了遇見對象的不同

他將魔戒帶在身邊，需要時才將它套上手指，這意味著他已掌握了從自性處獲取心理能量的訣竅，既不被它駕馭，也不試著駕馭它。因此在心靈的荒野上，他遇見的不再是蒙昧幼稚的食人妖，而是更具人性與自然性的比翁了。我們會遇見什麼樣的內心居民，肇因於我們心靈整合的程度。潛意識裡深藏著各種經驗的種子，榮格稱為「原型」，這些種子之所以發芽現形，正暗示著我們還有一些未解未處理的執著與慾望。中年人比爾博的整合之路將要更深地開展。

從這時開始，矮人們開始尊敬起比爾博，甘道夫也似乎洞悉了一些他沒說出口的祕密。巫師的階段性任務已經完成，這場冒險將正式以比爾博為主角。

04 蜘蛛與刺針——阿尼瑪及母親議題

故事梗概

與甘道夫告別後，一夥人進入了幽暗森林，頭頂上方的樹葉與枝幹非常濃密，光線幾乎照不進來。裡面沒有任何空氣流動，永遠處於黑暗窒悶的狀態。只要試著生火，就會引來數以千計的飛蛾在耳邊飛舞，令人難以忍受，所以他們很快就放棄了火光，任由黑暗將眾人吞沒。此外，食物跟飲水很快就不夠了，但比翁警告過他們，河流裡的水有魔法，千萬不能飲用。而森林裡也沒有什麼獵物，因此他們又餓又渴，不停地踩在無數個秋天以來，堆積在地面上的腐敗落葉。這個樹林似乎永遠沒有盡頭。疲憊之餘，他們更受到大蜘蛛的攻擊，眾人四散奔逃，比爾博只能一個人跟大蜘蛛單打獨鬥。他的匕首終於派上了用場，一場惡鬥之後，死蜘蛛躺在他身邊。比爾博第一次靠自己展現如此大膽的行為，他覺得自己脫胎換骨，也變得更勇敢、凶猛了。他擦拭著這把劍，決心幫它取個名字：「刺針」。

面對內在的女性議題

這畢竟是一場矮人族的冒險，巫師只是陪伴者。幽暗森林是另一次深入靈魂的嘗試，請讀者們試著想像我們第一次與內在神聖的本質相遇，發現它具有療癒自我與擴展個人意識的能力。這點理應會使人感到驚訝或舒坦，但生命的任務可不是只有這些，接觸到神聖並不代表我們就完成了所有工作，那些在我們生命裡累積多年的習慣與信念仍然會使人時時「退轉」，也就是重新墮落到未啟蒙的狀態裡。因此「證悟」絕非終點，相反地，它只是讓我們明白真有一個未曾來也未曾去的境界，我們因此得在現實世界裡繼續努力，才能安住在這個「明白清楚」的狀態。

比爾博至今只展現了勇氣的一部分。他曾孤身向內探尋，經驗到自性的完整。但他還必須努力地對抗潛意識幻想的魅惑，才能在個體化的道路上踏穩腳步。蜘蛛吐出了絲線纏住了他的手腳，讓他面臨行動力的喪失。在神話中，類似母題裡最著名的是女神卡呂普索，她誘使奧德修斯待在自己身邊七年，奧德修斯雖然想返家卻不得其法。一如比爾博動彈不得那樣。蜘蛛與卡呂普索一樣，他們是同一位阿尼瑪的不同化身。想想看我們怎麼形容那些勾搭男人的女人？就是蜘蛛精。蜘蛛並不主動獵捕，牠們只是等待獵物自投羅網，受到詛咒的卡呂普索也一樣，她只能待在自己的小島上，等待英雄到來。

母親情結與獨立

但在慌亂之際，比爾博想起了自己的匕首，他用它砍斷蜘蛛絲，又與蜘蛛惡鬥。換言之，與他內在邪惡的女性面爭鬥。對這位中年的哈比人而言，阿尼瑪顯然不是一位誘人的女性，而是一隻難纏的大蟲。許多遭遇中年危機的人常落入這兩端，或者將女人（通常是年輕女人）視為解藥，或者將女人視為麻煩和恐懼的對象。

比爾博內心的阿尼瑪形象（也就是蜘蛛）說明他有尚未處理好的女性議題，而這會讓他在個體化之路失去繼續深化的行動力。其實這點也可以從幽暗森林裡被下了魔法的河水中發現，一旦飲用河裡的水，人們就會失去意識，在林中睡著，矮人龐伯就是因為誤飲河水而耽溺於狂歡宴會的美夢。由於森林中的河水是常見的潛意識女性象徵，因此可被視為相同母題的變形。比爾博成功地度過了這次挑戰，他拒絕了沉睡，拒絕讓自己被阿尼瑪所限，也因此他的匕首獲得了新名字：刺針。讓我們回想一下，食人妖的洞穴裡一共有三把劍，都由上古精靈所鑄造，但只有比爾博拾得的匕首默默無聞。匕首是短劍，在精神分析裡，被視為男性的性器官。在這個故事中，這個分析我認為相當貼切。換言之，在邪惡的阿尼瑪形象向他進逼時，他恰當地使用了一直以來沒有被善用的男性特質。這時候起，他的匕首才得到了名字。也就是說他的男性特質得到了認同。所以他才覺得自己似乎變得勇敢、凶猛了。不再是那個貪圖享樂、躲在地洞裡的哈比人。

地洞象徵著大母神，比爾博的富裕也主要來自母親的遺產。易言之，比爾博一直未成功地從母親的影響力下獨立、長大。「刺針」一名的出現，割斷了他與母親的聯繫，同時也證明了他的獨立。

故事梗概

比爾博不僅成功地殺死蜘蛛，還救了被蜘蛛群給困住的大家。眾人雖然逃離了蜘蛛的勢力範圍，但很快地就落入了木精靈的手裡。這些木精靈和西方的高等精靈不同，他們比較好戰，也比較沒那麼睿智。他們多數都居住在森林的邊緣，於月光或星光下馳騁。雖然越來越與世隔絕，但基本上還是善良的種族。他們住在幽暗森林東緣的巨大洞穴，那是國王的宮殿，也是他收藏寶物的地方。他最大的缺點就是貪財，特別是白銀和潔白的寶石。精靈們雖然俘虜了矮人，但給他們的食物不虞匱乏，畢竟他們跟半獸人不同。比爾博因為魔戒的緣故沒有被抓住，在認真勘查過地形之後，他發現宮殿底端有一條河流穿出，正下方是國王的酒窖，由一個活動門所控制。他偷出了鑰匙放出矮人們，大家躲在酒桶內順著河流逃出了地牢。河流通往河谷鎮，這是最靠近孤山的人類城鎮。根據預言，山下之王的子孫終有一天會回來收復故土，讓城鎮重新富裕起來，因此他們在此受到了熱烈歡迎。

多變的阿尼瑪象徵

繼蜘蛛之後，他們落入了木精靈的地牢中。木精靈是較低等的精靈，易言之，對應著陰性面向。他們喜歡在月光和星光下馳騁，居住於森林的邊緣，住在巨大的洞穴中。這些描述也都是常見的女性象徵物。因此我們可以將之理解成接替大蜘蛛出現的另一個阿尼瑪象徵。阿尼瑪的形象從大蜘蛛變成了木精靈，顯然暗示著比爾博內在的逐漸成熟。他內在的女性特質已經不再是黑壓壓暗忽忽的可怕大蜘蛛，而是友善但難免貪婪多疑的木精靈。也就是說，比爾博的阿尼瑪已經取得了人的樣貌。他們雖然將矮人關了起來，卻好生餵養他們。這聽起來像不像對某些高控制慾母親的描述？供你吃供你穿，但你得聽我的。她們注重物質層面，也注重滿足我們的物質層面。如果一個男人的阿尼瑪是這種形象，那麼他嚮往的就是一個傳統的女人，能替他煮飯洗衣，滿足他基本的生理需求。這當然不壞，但離阿尼瑪最終所代表的智慧女神樣貌還有相當距離。

外在的困境往往反映內在的失衡

這次的困境同樣是由比爾博解決的，也就是說，進入幽暗森林後，他以一個曾經與陰影交過手的姿態成為了矮人們的嚮導，一位名副其實的「飛賊」。你發現了嗎？這再度對應了他在山脈深處那關鍵性的一躍，他不再是旅程的累贅而是得力的助手。他所發現的密道是一條宮殿下方的河流，也就是說他開始能夠覺知內在的女性面向，知道要怎樣才能從那裡汲取有用的資源來面對外在的中年危機。危機其實總是存在著矛盾的面向，它既是外在的現實情境，例如年紀、體力、就業或子女婚姻；也是內在人格的失衡反應。要看到後者並不容易，因為我們很容易聚焦在具體可見的現實，丟掉工作、落榜、房貸或外遇，所以很難接受它可能也指出了個人過往生活模式的錯誤。

當他們藏進酒桶順流而下時，來到了河谷鎮，終於，本書第一次出現了人類。易言之，他們回到了意識層面。河谷鎮的居民對他們大表歡迎，也就是說人們在個體化的這個階段已經很清楚地知道，和潛意識心靈保持彈性的溝通是很有益處的。我們學會捨棄過往僵化的生活態度，認識了心理諮商的好處，能與自身的陰影保持創造性的協同。

05

孤山主人史矛革——是佔有還是存有？

故事梗概

他們帶上鎮民送的補給品後划出了長湖，終於來到了孤山的山腳，找到了一條狹窄的小道，那裡肯定就是矮人們的密道所在。沿步道上到最高處是一片山壁，那裡光滑一片，看不見門柱、鑰匙孔或門把等裝置，眾人不得其門而入。那是秋天結束前的倒數第二晚，正當大家想放棄的時候，新月出現在地平面上，而太陽正要西落，一隻大黑鳥站在大石頭上敲著蝸牛的殼，喀嚏！喀嚏！比爾博突然明白了，他集合了每個人，當最後一道陽光穿破雲層時，離地面三呎的地方突然出現了一個小洞，這就是鑰匙孔！索林趕忙將鑰匙插入洞中，眾人合力一推，一扇大門緩緩無聲地向內敞開，直通孤山深處。

矮人們在門口爭論了很久，最後是比爾博自願進入這個密道，比爾博越來越靠近，聽見了巨大的鼾聲。他看見了這條惡龍，在牠的身體下以及整個洞穴中，裝滿了各種各樣的金銀珠寶和藝術品，這巨大的財富完全超越了他的想像。他拾起一盞金杯飛快地跑回去，這讓矮人們非常興奮。但史矛革醒來後發現少了一樣東西非常憤怒，這件事從來沒發生過，竟然有人趁牠睡著時偷了牠的財物，牠鑽了出來，翻遍了整座山，但比爾博與矮人們早已躲進密道內。逃過一劫的眾人亂了方寸，完全想不出要怎麼除掉史矛革。不得已，比爾博只能再入山一次，看看能得到什麼情報。結果他發現史矛革的左胸上有一個未被保護的缺口，但史矛革卻發現比爾博受過長湖鎮民的幫助。當他逃出來的時候，將這些事複述給矮人們聽，岩石上的黑鳥似乎也在傾聽著。

火的象徵意義

他們終於在都靈之日前趕到了孤山。日月同輝的現象最容易出現在秋天，很難想像在探險隊千辛萬苦找到了密道大門後，竟然沒人想到地圖的密語，「落下的太陽藉著都靈之日的餘暉，將會照耀在鑰匙孔上。」他們必須守到傍晚才能見到鑰匙孔。比爾博毋庸置疑地，已經成為整趟旅程的領導人物，索林等人忘記了密語這件事也顯示出，象徵著內在本能的矮人無法參透和領會來自意識的問題和要求。這只有意識與潛意識兩者保有暢通渠道的人才做得到。這裡我們又遇見了自上而下的母題，位於山上的大門卻通入地底的深處。但正如我們看見的，比爾博的行動與上次被半獸人擄走完全不同。這回他選擇了主動深入！

隨著劇情的發展比爾博連續三次進入孤山，試著接觸史矛革。史矛革是這次旅程的起因，孤山則是這次旅程的終點。終始都在同一處，說明了這趟旅程的心理特質。在傳說裡，龍總是跟火有關聯。火是意識的象徵，能夠洞明黑暗，但龍卻不友善，利用口中的火遂行破壞。在日本神話裡，伊耶那美與伊耶那岐這對夫妻神合力造了日本諸島，他們先生下諸島，再生下諸神。待生到火神迦具土時，女神伊耶那美被灼傷陰部，不治而死。伊耶那岐心中悲痛，竟取劍殺了火神，劍上的血生出了八位神祇。

希臘神話中，為人類盜火的普羅米修斯在宙斯眼裡看來也是一位搗亂的人物，宙斯罰他綁在高加索山上，日日使老鷹啄他的肝。也就是說，火的特質具有兩面性，既能創造又能毀壞，端看我們如何使用。但在此處，史矛革主要是火的破壞性層面。

前述提到，火象徵著意識的開端，比爾博之所以願意三次進入孤山找尋史矛革，正是因為他明白火的力量不完全只有負面的部分，亦有其創造性的一面。本能與意識的自我總是衝突的，所以矮人雖是能征慣戰的戰士，卻不是史矛革的對手，他們甚至害怕進入孤山直接面對史矛革。作為一個尋求完整的人，比爾博一次次穿過黑暗的密道，就在黃金的上頭，看見了偉大的史矛革。史矛革象徵著意識的錯誤方向，這點從他強佔矮人的黃金就可明白。當比爾博盜走他一個金杯時，牠竟然能在短短的時間內就發現堆積如山的寶物少了哪一項，可見這麼多年來，史矛革是如何反覆地在清點這些寶貝。意識的能量被用來計算，或者說算計，這是中年人最慣常、最渾然不覺的毛病。因為社會是依賴數字運作的，孩子們自幼就會區分什麼東西屬於自己、什麼又屬於其他人。在對爸媽喊著「我不要！」一段時間之後，他們接著最喜歡說的就是「這是我的！」

兩種生命樣態

許多功成名就的中年人，他們雖然將現實打理得很成功，在靈魂的耕耘上卻很失敗。史矛革為了霸佔財寶趕走了矮人與人類，也就是說，他無視於那些內心居民的存在，從而讓自己成為名副其實的「孤山主人」。他孤伶伶地擁有那些寶貝，渾然不知財產總有一天會變成遺產。

史矛革好比那些功成名就卻又自私貪婪的中年人，對他們來說，人生就是不停地累積各種數字，收入、房產、頭銜和出國次數。這些史矛革們的表面成就正與內心的空洞成反比。

心理學家佛洛姆曾以佔有與存在（To Have or To Be）為名討論過人類兩種生命樣態，以佔有為生命樣態的人會以佔有物的多寡來自我界定，這樣的人總是過度認同自己的工作，樂於戴上職場的頭銜。學歷、出版品、收入、房地產、旅遊地，這些都是他們熱衷蒐集的寶物，像史矛革一樣非得抱著它們睡覺不可。這類人的親密關係通常很失敗，與他人之間僅有表面的膚淺互動，因為不管他們的穿著再怎麼派頭，都掩蓋不了他們自私的本質。畢竟分享會使佔有物減少，他們只得依賴「計算」來當作為人處事的準則。但人與人之間的互動是很微妙的，恰就是在這種地方，我們對他人的內在都很敏感，可以直覺地瞭解眼前這個人是大方還是貪婪。

但以存在為生命樣態的人卻相反，他接納自己生命的核心，因為「存在」不是一個固定不變的物品，而是一種狀態，或許用佛家的「無常」來說明更加貼切。存在的狀態說明了人的自由與可動性，這個態度讓我們重視人變化的過程，而非實體。這種存在的方式，其先決條件是獨立、自由和具批判的理性。從原則上說，存在指的是體驗，但體驗卻無法用言語適當地描述，然而我們卻可以從創造性的活動看見它。它重視對關係的投入，而不是對另一半的控制；重視旅行中的體驗，而不是目的地與打卡；重視真理，而不是權威。他們重視分享與奉獻，不會屈從在佔有物匱乏的不安全感之中。

我曾聽人分享一個案例，他說自己與女友分手的原因竟是因為他不願將自己買的房子分享給沒有「貢獻」的人住，也就是說，那房子的貸款是他自己出的。他只要想到房子和那裡面積累的寶物得和人分享，他就感到痛苦。家具、家電、衣物、便利商店兌換的公仔、年年出國採購的小東西和紀念品，這些無一不是他的命。哪怕得丟掉一個不起眼的小雜物，他都會像被偷走一只金杯的史矛革一樣驚恐。就這樣渾然不知老之將至，直到某次意外擊倒他的那一刻為止，他陷入了莫名的恐慌。夜間盜汗、心跳加速、失眠、體重失控，隨之而來的過度敏銳讓他發現，其實自己並不得人緣。他一直以為自己平時彬彬有禮，但周遭的人下意識都很清楚那只是他用來自我保護的面具，這個人從來沒打算跟誰建立有意義的關係，他從來只忙自己的事。容我再說一次，一個人的內在是封閉還是友善，在人際關係裡是無所遁形的。

故事梗概

史矛革憤怒地再次搜索孤山，摧毀山壁。探險隊將自己反鎖在密道內。找不到比爾博讓史矛革相當憤怒，牠決定飛向長湖鎮，將怒氣轉向人類。與此同時，矮人們坐在黑暗裡不敢隨便出聲，不知等了多久，比爾博決定第三次向山洞走去，但已經看不見史矛革了，眾人也跟著進入矮人的廳堂。自從矮人進入孤山後，長湖鎮的鎮民們密切注意著山上的狀況，當史矛革飛向他們時，河谷鎮之王吉瑞安的直系子孫，也是弓箭手領袖的巴德趕緊砍斷了大橋。長湖鎮受到湖水圍繞，惡龍只能來回地在城鎮上空噴火。弓箭手的攻擊沒有效果，巴德不願放棄。此時一隻老黑鳥停在他肩膀上，告訴他重要的情報，叫他瞄準史矛革左胸的空隙。原來那鳥是魔法鳥類的子嗣，當年曾被索林的祖父與父親馴養，和矮人相當友好。巴德把握機會，一箭命中，史矛革摔入湖面，一命嗚呼。

隱藏在「理性」面具後的非理性態度

史矛革搜索孤山未果，將怒氣轉向了人類。如上所述，這類猶如史矛革般自私又好計算的人總是如此，因為計算仰賴某種前提，亦即狹義的因果論。他們難以忍耐模糊的情境，相信每件事都得有人負責，如果找不到人負責，那就找代罪羔羊來負責。他的內心是荒蕪的，這種信念更加劇了他的荒蕪。孤山周遭杳無人煙，正是因為他內心的居民早已燒殺殆盡。火的破壞性如此巨大，所有把科學當救主、把數字當信仰的人都應該謹慎，否則勢必引來反撲。這類人的理性遠比外表看起來薄弱，多數人都觀察得出來隱藏在他們外表下的非理性態度。

弓箭手領袖巴德是河谷鎮之王吉瑞安的直系子孫，河谷鎮位於孤山山腳，當年史矛革霸佔孤山時，河谷鎮也一同被摧毀。老黑鳥為巴德帶來了情報，告訴他史矛革的左胸有一個開口。巴德恰當地扮演了對史矛革的反撲，因為他是吉瑞安的後代，擁有對河谷鎮的主權，他象徵著那些被惡火，也就是錯誤的意識態度給壓抑的東西，現在被壓抑的心靈要回來收復失土了。人的心靈是一個完整的整體，感性與理性都是其中的一分子。當「理性」過了頭，自以為是心靈之主時，幾乎沒有例外，身心症狀總會在中年後悄悄地找上門來。巴德手中的黑箭就是那使我們自以為是的虛假生活崩潰的最後一擊，它是在山下國王還在位時於矮人的熔爐中所鍛打而成的精鋼。所有看似成功的壓抑都會留下伏筆，史矛革以為他已經完全摧毀了矮人王國與河谷鎮，但還是留下了一枝致命的黑箭。而史矛革的弱點就在左胸毫無防備的心，這難道不是一個絕佳的隱喻？

雖然是題外話，但在這裡我要提醒身為父母以及老師的人，懲罰孩子時必須清楚我們採取的手段是基於教育還是洩恨。同樣是責罵跟體罰，孩子雖然年幼，也分得出我們帶著什麼目的來展現這類行為。許多父母在盛怒時會把教育與洩恨兩者混同起來，從而表現過激的言語和行為，這都會在孩子和學生的心靈中留下黑箭，它會在某些時刻被射出來，或者對自己，或者對同儕，甚至是對孩子的下一代。

直覺為潛意識之鑰

這隻傳遞訊息的魔法黑鳥又稱為渡烏，牠通曉人類的語言，與矮人們相當友善，象徵我們內心的直覺。鳥和羽毛都有飛翔和自由的意涵，是能帶領內心向上的象徵。牠們與象徵著本能的矮人間的緊密關係更說明了牠的來歷，直覺與本能總是一起行動，兩者有時很難劃分。直覺在深度心理學被視為心理功能的一種，與感官功能相對應。當我們運用五感（也就是眼耳鼻舌身）來看待眼前的事物時，直覺功能會受到壓抑。因此對重視感官享樂的比爾博來說，直覺功能無疑地會被打入潛意識的黑暗。而本能則是心靈中更原始的東西，有生理的，也有心理的。本能的運作會使我們立即展開行動，例如性的本能、飢渴的本能，或者動物對危險接近的本能（其實人類也會）。對一輩子過得安安穩穩的比爾博而言，兩者皆深藏在潛意識中，不分彼此。

當矮人們回到家鄉後，孤山的渡烏終於等到了伙伴。如果沒有本能，直覺無法產生有意義的行動。直覺知道誰能打倒史矛革，因此將情報告訴巴德，巴德果然不負眾望。史矛革跌入深深的大湖裡，象徵著意識之火被潛意識給湮滅，長久來錯誤且具破壞性的人格面向瓦解了，在湖底深處重新孕育。

06

五軍之戰：退行與混亂——中年後的人格重塑

故事梗概

史矛革雖然死了，但長湖鎮也成了廢墟。許多人決定追隨巴德回到河谷鎮，在那裡重起爐灶，他一方面派遣信差請求木精靈國王派人協助，一方面帶著人手往孤山前進，他們希望索林能分享部分財寶幫助人們重建家園。渡烏將消息帶回了孤山，建議索林與巴德合作，慷慨分享他的黃金。但索林拒絕了，他請求渡烏到鐵丘陵通知自己的表哥丹恩，請他帶領軍隊前來幫忙，自己則與其他矮人共同加強前門的防禦工事。數日後，巴德與索林終於碰頭，前者希望後者可以看在長湖鎮先前曾經幫助過矮人的分上，能大方回報遇到困難的鄰居，索林卻不為所動。比爾博看不下去這種對峙，事態已發展至此，他情願放棄他那十四分之一的報酬，只求平安返家。因此他盜走了索林最重視的寶物，矮人國王的家傳寶鑽，將它送給精靈與人類聯軍，請他們利用這顆寶鑽和索林協商。他並沒有久留，雖然幹了對不起索林的事，比爾博還是想要回到矮人那裡，他不能拋下朋友。他贏得了巴德和精靈王的尊敬。就在帳篷外，他遇到了甘道夫。

愛的真諦

我們在這裡清楚地看見比爾博的轉變，他開始明白，物質上的回報根本不是這趟旅程的重點。他已經在山脈深處找到了他需要的那份寶物：魔戒。也在孤山裡證明了他面對錯誤人格的勇氣，他勇於挑戰偏頗的意識態度。現在他必須協助他的朋友，也就是那群放不下黃金的矮人去得到真正珍貴的寶藏：和平。如果矮人們已經擁有了這麼多，為何不把它分享出去呢？特別是那些曾在困難時幫助過我們的鄰居，那群為了除掉惡龍付出慘重代價的人類。本能無法違背自己，因此索林拒絕讓出財富，甚至找了其他的族人來幫忙。作為直覺，渡烏再次顯示了牠的正確性，牠建議索林跟巴德共享黃金，卻遭到拒絕。但有意思的是，渡烏仍然持續幫助矮人們傳遞訊息，縱然索林做的是錯誤決定。也就是說，直覺總是為本能服務，縱使本能可能帶我們走向有害的地方。

比爾博盜走矮人家傳寶鑽的情節值得一提，一開始他打算將它據為己有，畢竟索林曾答應過他可以自己選取一份他想要的報酬。但慢慢地他發現索林的心思都在這顆寶鑽上，因此不太敢將這個想法說出來。這顆寶鑽是「山之心」，也就是說，索林之所以迫切地想拿回寶鑽是希望將原先失落的心重新擁有回來。「心」不僅對索林有吸引力，對比爾博也同樣如此。在下一篇的《綠野仙蹤》裡，得到心也是促使錫樵夫展開冒險的原因。這顆心甚至比其他的黃金還要貴重，看來人會直覺地知道，什麼東西才是最珍貴的。如果失去了心，人也會失去感動和愛的能力。這樣的能力無法用價格來衡量，因為心的能力指涉的是深度，而不是數量。

愛一個人無法用愛另一個人，或擁有更多愛人來替代，這是為什麼付出真心總會讓人感到缺憾。但受過傷的心不會死去，反而會具有更深的感受力。有些人害怕這種感受力，選擇將心封閉起來，更有人吝於付出自己的心，將愛的能力囤積起來，好像心會越用越少似的。德國心理學家佛洛姆說，愛的首要意義是分享。它只會越分享越多，而不是越少。我想，用這個觀點來看心也是對的。索林想要得到那顆心，但他的動機完全是佔有式的心態，比爾博得到了那顆心，又將它讓渡出去，使精靈與人類能用山之心來和索林協商，因此我們可以說，比爾博在更深的意義上擁有了那顆心。心不是可以佔有的東西，好比愛無法強求而來。

故事梗概

索林同意交出十四分之一的份額交換家傳寶鑽，但他要求比爾博從此離開他們的陣營。比爾博一無所有，跳下了高牆，其他的矮人們都為此感到羞愧和惋惜。索林仍在盤算著丹恩的部隊可以逼退精靈與人類聯軍，果不其然，待丹恩部隊到來後，兩軍對陣，劍拔弩張。正待開戰之際，甘道夫單槍匹馬出現在兩軍中間，大喝一聲「停！」他告訴雙方陣營，半獸人會同座狼們日夜兼程，在地道中快速移動，準備利用惡龍死亡的時機征服整個北方大陸。由於他們在地底行動，連渡烏都沒有發現他們的蹤跡。精靈王、巴德、丹恩決定拋下成見、攜手合作，共同對抗座狼與半獸人。五軍混戰，精靈、人類與矮人聯軍佔了下風，夜色將至時，索林吹響了號角，率領他的伙伴們離開了城牆，殺進半獸人中。但聯軍還是逐漸敗退，他們被徹底壓制，結局似乎就要以悲劇收場。但就在此時，巨鷹出現了！整群的巨鷹在鷹王的率領下參加了戰鬥，比爾博卻在此時受到石塊重擊，暈了過去。

耐心容忍混亂，將帶來有益的創造

這便是著名的五軍之戰，不同種族在孤山腳下混戰，代表較高層意識的一方由精靈、人類與矮人所組成，潛意識的陰影和未社會化的衝動則以半獸人、座狼為代表，或許我們將它稱為「天人交戰」也很合適。個體化的過程總是涉及了爭鬥，爭鬥既是內心居民的你死我活，也是外在情境的衝突對立。每個人或多或少都有這樣的經驗，對一樣的事同時產生不同的理解，有些爭鬥的起因甚至自己也不見得能意識到。半獸人與座狼利用地道集結、移動，表示陰影或情結完全避開了意識的領域，待它們爆發的時候，我們整個人會瞬間被控制，表現得好像不是平常的自己。但為什麼甘道夫能夠掌握他們的行蹤呢？可見巫師本來就是亦正亦邪的存在，如前面提到的，他們介於常規與意外之間，因而也介於意識與無意識之間。但偏偏就是這樣的角色，特別適合擔任調停者。他停在原本劍拔弩張的矮人與精靈—人類聯軍之間，說服他們共同對付更大的敵人。

然而由三個種族組成的聯軍仍舊不是半獸人的對手，後者靠著人數優勢完全壓制了他們。地底的居民從來都不是好惹的對象，他們趁著史矛革死去的時候想要佔領整片北方大陸，也就是說，錯誤的意識人格死去後，在新的意識中心尚未誕生之際，當事人內心最容易陷入這場混亂，每個種族都宣稱自己對孤山或孤山裡的寶藏有擁有權。這樣的混亂是舊價值崩毀，而新價值尚未確立所帶來的。如果當事人或治療師無法容忍這樣的混亂，企圖用藥物或行為技術來終止或壓制這個現象，反而會打斷當事人自發性產生創造性人格的進程。榮格學派有時將這樣的過程稱為「有益的退行」，不論是佛洛伊德還是榮格本人都曾經歷過。就好像學生在思索一個難解的數學問題時，卡關造成的苦惱是必要的。如果他不能忍耐這種模糊，總是迫不及待尋求答案或老師的講解，那麼具創造性的瞬間就無法出現，學生也無法獲得真正的自信。

這麼說來，在有需要的時候能耐著性子陪伴孩子走完心情焦慮或混亂的歷程，或許是我們能給孩子最棒的禮物。但這也嚴肅地考驗著父母及師長容忍焦慮的本事。

從成為英雄到成為自我

比爾博在這次冒險中功績卓著，卻沒有得到契約上載明的應得回饋，他兩手空空地從高牆上跳下，離開了矮人。這一躍不是向上跳，用來迴避跟咕嚕的衝突，而是向下跳，和黃金寶藏說再見。讓我們再次回到故事的開端，比爾博是一位住在舒服地洞裡的哈比人，注重安全與物質的舒適，拒絕變動跟冒險。但這回他卻果決地放棄了寶藏和財富，也就是說，他選擇與物質保持距離。畢竟他已經擁有一個舒適的家，不需要更多的財富來裝點自己。是他在幽暗森林兩度拯救了大家，也是他找到了進入孤山的密道，但他沒有要求更多的回饋，而是希望矮人能與人類鄰居和平共處。這趟旅程本身帶來的成長，就是比爾博最大的報償。

中年以前我們念茲在茲的，是戮力成為故事裡受人尊敬的偉大英雄，我們希望自己獨特、優秀，擁有自己沒有的東西。中年以後的任務不再相同，我們要重新審視原有的角色認同，與內心被壓抑、排斥的面向合作，重新分解、整合成一個更大更完整的自我。比爾博放棄他的寶藏，意味著他放棄了過去老舊的自我。那樣的自我曾經帶我們走到現在這個位置，讓我們長成現在這個樣子，它並非錯誤，只是不再合適。個體化因而同時涉及了兩個方向的運動，自我的獨立與內外在的整合。

07 返鄉——最後的整合

故事梗概

當比爾博恢復神智之後，戰爭已經結束了。山谷中都是半獸人的屍體，矮人大門口相當熱鬧，大家正忙著拆除城牆。他被帶往索林的營帳，索林渾身是傷，似乎即將離開人世。他向比爾博道歉、告別，「既然我必須放棄所有的黃金和白銀，前往一個金銀毫無意義的地方，我希望至少還能擁有你的友誼。……如果世界上的人都能夠像你一樣，看重笑語和美食，輕賤黃金和白銀，那麼這個世界將會快樂多了。……」索林嚥下了最後一口氣。原來在比爾博昏倒之後，巨鷹與比翁都加入了戰局，半獸人最終四散而逃。丹恩繼承索林之位成為山下國王，並與木精靈及人類分享黃金與寶物，建立好友關係。比爾博則被宣布為「精靈之友」，踏上了返鄉之路。他雖然得到巫師及精靈的尊敬，故鄉的人卻不這麼想。他們只覺得他很詭異。不願小孩們與他來往。回家後他開始撰寫詩歌和拜訪精靈，但沒有幾個人相信他的故事，雖如此，他還是快快樂樂地活了一輩子。

重新衡量自己的人生

戰爭結束後，矮人與其他種族從敵人變成了盟友，象徵著內在的成功整合。陰影暫時退去，內心的居民也達成了和平。索林雖然沒有拿回家傳寶鑽，但他最後似乎也找到了他的「心」。他對比爾博說的遺言清楚地顯示了，在死亡面前，金銀毫無意義。死亡經驗似乎是治療所有虛假人生的解方。研究指出，有過瀕死經驗的人似乎都顯示出某種人生觀的巨大改變。許多不嚴謹的調查也發現，老年人最悔恨的事物幾乎都圍繞在親密關係的相關議題上，而不是關心錢賺得不夠、房子太小或太少等問題。成就感與幸福感顯然不是等號，這是為什麼索林希望臨死前能得到比爾博的友誼，而不是家傳寶鑽或更多的黃金。

索林說，「如果世界上的人都能夠像你一樣，看重笑語和美食，輕賤黃金和白銀，那麼這個世界將會快樂多了。」人世的爭端多由此起，比爾博放棄了丹恩的賞賜，帶了恰如其分的報酬返鄉，精靈王也宣布他為「精靈之友」。也就是說，這趟旅程讓比爾博懂得滿足內在的本能，卻不被它駕馭，同時又與內在的陰性面建立了親密的伙伴關係。

雖然他獲得了內心居民的尊敬，但故鄉的人卻不這麼想，易言之，成長這件事有時會令身邊的人受不了。試想，如果妻子透過諮商而萌發創業的念頭，或者小孩因為上學而獲得了新觀念，這些對另一半或者父母來說可能都是壓力。因此「成長」被汙名化是很自然的。沒有人希望原有的生活慣性被打破，因為成長往往是全家人的事。妻子成長了，丈夫也會被迫跟著成長。孩子長大了，父母會被迫改變教養方式。人際關係往往牽一髮而動全身，成功在個體化之路上成為「全人」的比爾博自然不見容於「半身人」的社群裡。

故事的結尾說，他的餘生都用在撰寫詩歌和拜訪精靈上，易言之，他更加注重內在的和諧，不論是詩歌代表的精神層次，還是精靈代表的女性層面都是如此。雖然沒幾個人將他的故事當真，畢竟個體化的冒險對多數人來說當然是太難以置信了，但真正體悟過內在神聖性的人，從來不會大聲嚷嚷或掄起拳頭宣稱他的經驗是絕對的真理，他們總是很謙和，懂得尊重每個人有不同的步調和個體化的路徑，這點跟世上多數的假先知和狂熱的基本教義派不一樣，他們把教條當真理，以至於不相容於當代崇尚理性與寬容的氣氛。

冒險回來的比爾博快快樂樂地活了一輩子。這份快樂絕不僅是單純的、物質上的快樂而已，他的內心想必也是滿足的，如同所有最終找到自己的人一樣。

結語

這是一個十足的男性故事，他們的前半生追求的是充裕的物質、舒適的家，中年後卻因為某個意外原因走向了一趟奇特的旅行。這旅行之所以奇特不僅是因為路上遭遇了各種妖魔鬼怪，更是這些鬼怪無不是內心的自己。我們未發揮的潛力、原始的本能、抗拒的黑暗面、天生的直覺，以及那些同樣原始卻良善的東西。在故事裡面，他們可以是食人妖，可以是精靈，可以是座狼，也可以是巨鷹。對男性來說，接納自身的陰性面和接納陰影同等重要，若非如此，我們就無法面對內心的史矛革，並從中掙脫，不再受到佔有慾的誘惑，轉而看重那些更珍貴的東西，諸如內在完整的本質、友情、家庭，以及愛與分享的單純快樂。個體化不是別的，它是重新發現自己的過程，發現自己並不如想像中匱乏，發現內在圓滿的自性。

PART — 9

《綠野仙蹤》

女性的個體化旅程

非典型英雄

《哈比人》說的是一位中年男子，《綠野仙蹤》談的則是一位小女孩。他們兩個都是非典型的英雄，不是不夠年輕，就是柔弱天真的女孩子。我們會在書裡看見女人如何以不同於男人的方式走向完整，很有意思的是，雖然《綠野仙蹤》是一本近現代的著作，但它所呈現的女性成長主題卻和流傳久遠的神話及女性童話意外地接近。

作者法蘭克・包姆自述，「我正坐在大廳裡跟孩子講故事，突然間，這個故事閃過念頭，佔據我的心。我將孩子們紛紛趕走，從架上抓了一張紙，趕緊開始寫作。好像是故事自己在寫一樣……」他所說的或許是被原型擄獲的那一刻。故事裡的角色與場景無不充滿了豐厚的象徵意義，值得我們反覆咀嚼與探討。沙遊治療師吉妲・桃樂絲・莫瑞那（Gita

深度心理學小學堂 18：沙遊

沙遊是奠基於榮格理論而創立的心理治療方法，創辦人為 Dora Kalff。透過裝滿白沙的沙箱以及數百件的玩具與小物件，可使當事人在擺放沙盤時將其內在的風景立體地表現出來。對於不擅言詞表達的個案類型來說，例如孩童、青少年，是個有趣又實用的方法。

Dorothy Morena）是作者本人的曾孫女，她寫有《綠野仙蹤與心靈療癒》一書，同樣值得讀者參考。

就我來看，《綠野仙蹤》描述的是人如何得到完整的故事，我們可以將稻草人、錫樵夫、獅子看成勇敢追尋自我的獨立角色，也可以把他們都視為個人內在的居民，是女主角桃樂絲尚未發育完全的個人面向。桃樂絲如果要成功回到堪薩斯，就必須讓自己內在的每個部分都成熟起來。女性個體化之路的特別之處，在本書裡有很動人的表述。

01

龍捲風——直面情緒的風暴

故事梗概

桃樂絲、愛姆嬸嬸和亨利叔叔一起住在堪薩斯大草原的中央，靠務農生活。桃樂絲沒有爸爸媽媽，所以投靠叔叔嬸嬸過生活。不論從這個家的門口何處往外看，都只能看見一大片灰茫茫的草原，因為太陽將耕地烤成一片焦灰，連草也不例外。桃樂絲之所以能夠開懷大笑，全是因為她有一隻小黑狗「托托」，他們從早到晚玩在一起，因此托托深得桃樂絲的喜愛。但今天他們沒在玩耍，因為亨利叔叔憂心地看著北方陰暗的天空。那裡傳來了風的低號聲，暴風雨就要來了，草如波浪般起伏著。叔叔對妻子喊道，「龍捲風要來了，我去照顧牲口。」嬸嬸急著叫桃樂絲躲到龍捲風地窖。但托托這時逃出了桃樂絲的懷抱，為了找牠，桃樂絲來不及躲進地窖裡。淒厲的風聲傳來，整間屋子開始劇烈搖晃，接著奇怪的事情發生了。屋子慢慢地升到半空中，被頂在風尖上好久好久，被帶到好遠好遠的地方。什麼可怕的事也沒發生，兩人就這樣安心地睡著了。

孤兒經驗與成為自己的父母親

故事一開始我們就看見了桃樂絲是一個失去雙親的孩子，可以從心理學的角度來理解這個小女孩的境況，她沒有一個可以認同的對象。這對許多青少年來說是很常見的。兒童期行將結束前，許多孩子早已發現自己的父母並非幼時想像的那樣無所不能。他們的工作並不如自己想像得偉大，行為舉止也不若書本描述得那麼正派，這都動搖著他們認同的根本。因此失去雙親的隱喻並不一定是指父母過世，而是失去了可以信任的對象，而這會引發我們的孤兒經驗。然而失去父母或失去對他們的信任有時是不得不然的，因為成長意味著成為自己的父親或母親，從個體化的角度來看，這條路本來就人人不同，我們無法完全照走前人留下的足跡。

桃樂絲投靠叔叔嬸嬸，住在一大片灰茫茫的草原中，那裡的日照太強，把耕地都烤成一片焦灰。終年的烈日讓我們聯想起太強的自我意識，在意識的照耀下連小草都很難生存，這樣太過霸道的人格想必需要調整。烈日也暗示著有害的父權環境，我們已經看見，叔叔嬸嬸在這樣的環境裡不僅老得很快，也失去了笑容。因為父權總是標榜著競爭和充滿偏見的評價，而這同時壓迫了男女兩性。不過桃樂絲卻仍能開懷大笑，原因在於她有一隻小黑狗「托托」，動物的母題很常見於童話之中，牠們是主人翁內

如果不是為了救托托，桃樂絲可能永遠都只會是個住在大草原裡的普通少女而已。拯救動物繼而被牠給拯救的情節很常出現在童話裡。托托（Toto）之名有完整〔Total〕的意思，暗喻著這篇女性故事的心理意涵。

心童真的象徵。因為有托托的陪伴，小女孩才能無害地在這裡生存，甚至因為牠的緣故，意外地得到了探訪奧茲國的機會。

直面內在的風暴

在這片乾旱的大草原裡，龍捲風是很常見的惡劣天氣，這從家裡早早準備好龍捲風地窖就可以發現。不定時出現的龍捲風颳走大地上的一切，對比於大太陽象徵的錯誤意識態度或有害的父權環境，龍捲風或許可以被理解為我們內心壓抑情緒的風暴。然而多數人面對這樣情緒風暴的直覺反應就是逃離，躲起來等它過去。迎著風暴我們會被帶往哪裡？這倒是沒有人知道。桃樂絲的第一反應也是如此，但托托卻在此時掙脫了，為了找回心愛的寵物，桃樂絲意外地跟著房子被龍捲風帶起。說也奇怪，房子竟然慢慢地升到半空中停在風尖，安穩程度竟讓她能放心睡去。也就是說，當我們願意直面內心可怕混亂的那團情緒時，跟在混淆與起伏感之後的反而是一種奇妙的平靜。彷彿情緒一被注視、一得到足夠認真的關照，就會消風一樣。這是為什麼正念療法會要求我們練習關注自己身心的每個變化，然後與它同在的原因。

正念療法是強調對當下所有經驗開放與接受的療法，注重當事人對此時此地的覺知、專注與不評價，是西方心理學與佛教觀念結合下的產物。它要求練習的人放慢生活腳步，一次只做一件事，學習以不批判的方式來觀照自己身體及情緒帶來的每個感受。許多研究都已指出正念療法對各種壓力反應的好處，這似乎暗示著，壓力反應跟我們主觀上拒絕接納這些不愉快的經驗有連帶關係。也難怪桃樂絲迎向龍捲風後會驚訝地發現，那裡舒適得很。

02

銀鞋與伙伴——待開發的陰性能量與受苦的內在男性

故事梗概

突然間，一陣猛烈的震動驚醒了桃樂絲。她坐起身來，發現屋子不動了，四周非常明亮，她跳下床後打開門，眼前非常美好！到處都是可愛的綠色草皮和結滿果實的雄偉大樹，一簇簇美麗的花朵近在眼前，跟桃樂絲習慣的乾燥灰暗大草原非常不同。正當她在欣賞這片風景時，一群古怪的人朝她走來，他們的身高跟桃樂絲相近，不論男女全都穿著藍色系的衣帽，領頭的婦人走向桃樂絲深深地一鞠躬，用悅耳的聲音說：「尊貴的女法師，歡迎您來到蠻金支國，您幫我們殺了邪惡的東方女巫，解救了我們的人民。」她這才發現，房子墜落時壓死了一位女巫，穿著銀鞋的腳還從牆板伸了出來。說話的矮婦人是善良的北方女巫，她告訴桃樂絲，奧茲國內有四個女巫，住在南方、北方的是好女巫，住在東方、西方的是壞女巫，而偉大的巫師奧茲則住在翡翠城內。

突然間，女巫的雙腳消失了，只剩下那雙銀色的鞋子。好女巫告訴她，銀鞋是一件神奇的魔法寶貝，現在它屬於桃樂絲了。

內在的陰性能量

風暴結束後，房子落地了，竟然砸死了邪惡的東方女巫！桃樂絲來到了四面沙漠的奧茲國，正如好女巫說的，她不知道堪薩斯在哪裡，而那裡之所以沒有女巫或巫師，是因為太過文明的緣故，但奧茲國始終沒有開化。龍捲風將桃樂絲帶到一個充滿魔法的地方，從北方女巫的說法看來，奧茲國顯然象徵著曼陀羅的原型。南北方住著好女巫，東西方住著壞女巫，而中間則是偉大巫師奧茲所居住的翡翠城。這個由十字所劃分的領域象徵著正邪的對立與均衡，巨大的拉力與衝突仰賴位居中心的奧茲來平衡。雖然我們將會看見，偉大的奧茲巫師其實只是個迷路多年的騙子，但他的存在本身鼓舞了桃樂絲勇敢冒險，起身對抗強大的西方壞女巫。桃樂絲甫現身就壓死了邪惡的東方女巫，換言之，當我們願意順從內心的風暴，反而會帶來料想不到的好結果。

個體化往往起於意外，正如風暴帶領桃樂絲航向了心靈的潛意識，那裡被沙漠所

錫樵夫跟稻草人都不是獅子的對手，但牠卻被桃樂絲嚇退了。桃樂絲用力搥打牠的鼻子，罵牠是個只會欺負弱小的膽小鬼。終於，他們結成了伙伴一起上路！

包圍，因此與外在的文明相互隔離。在所謂的「文明」裡，不會有女巫或魔法師存在的空間，也就是說意識驅趕了黑暗，將那些曖昧模糊的東西都給抹殺。科學照耀且利用了大自然，但大自然卻因此頹敝，我們的心靈也變得迷惘。桃樂絲如果要能返家，並在灰撲撲的大草原裡以嶄新而富生命力的方式過著充滿美與善的生活，她就必須完成這趟冒險，自內在汲取有益的資源，回饋至現實的人生中。桃樂絲第一次看見這麼美的地方，如果直面風暴就能解放蠻金支國，那麼我們就可以推斷受壓抑的情緒有多強的能量，放著不處理，又會對自己造成多大的傷害。

銀鞋是陰（女）性能量的象徵，因為銀色是月亮的顏色，在西方的傳統裡，月亮象徵著女神。此處證明了《綠野仙蹤》具備了女性童話的特徵，因為這雙銀鞋有著強大的魔力，這讓「東方女巫很得意」，但至於是什麼魔法卻無人得知。一直要到故事的最後，桃樂絲才會知道銀鞋可以帶她回家，但在她完成殺死壞女巫的任務前，也就是說，在完成個體化之前，她無法發揮自身的全部潛能。她就穿著這雙銀鞋上路，帶著質樸但完整的女性能量，一步步開展出個人的全部可能性。

故事梗概

要想回家，或許可以求助奧茲。因此桃樂絲央求北方女巫跟她一起上路，她拒絕了。但好女巫願意親吻桃樂絲的額頭，因為沒有人敢傷害被她親過的人。「通往翡翠城的道路鋪著黃磚，你絕不會錯過。」桃樂絲和托托上路了，一路上跟著黃磚道往前進，就如你已經知道的，她在路上遇見了玉米田裡的稻草人，他想要一個腦袋讓自己變聰明；拯救了鏽在森林裡的錫樵夫，他想要一顆心；還有一頭膽小的獅子，牠希望得到勇氣。這群「人」組成了一個探險隊，一起往奧茲國前進。

母愛能灌溉孩子的信心與勇氣

北方女巫拒絕了桃樂絲，因為個體化永遠屬於自己，但她並沒有完全拋棄她，她送給桃樂絲一個吻，那代表著母親的祝福。這是一個重要的象徵物，一個被母親深深愛過、好好陪伴過的孩子，終其一生都會有足夠的信心跟勇氣來面對困難。北方女巫是好媽媽的代表，她的存在補足了桃樂絲一直以來缺乏的關愛。嬸嬸或許照顧了桃樂絲的身體層面，但桃樂絲要成長為完整的女人還需要其他的榜樣來提供母性的經驗。北方女巫恰如其分地擔任了這個角色，她讓桃樂絲知道自己雖然是女巫，但也有很多做不到的事。她趕不跑邪惡女巫，不知道堪薩斯在哪裡，甚至不能陪她一起走黃磚道，但她卻在桃樂絲人生地不熟的時候給了她所需的指引，跟著黃磚道往前走。耐性是個體化之所以能取得成功的最可貴特質。此外，她也給了桃樂絲祝福，那是在艱難時刻沒有人能奪走的信念與信心。

稻草人、錫樵夫與膽小獅子分別代表了女性內在的不同男性面，這些男性面都有著可見的缺陷。稻草人覺得自己不夠聰明，錫樵夫覺得自己不夠溫暖，膽小獅子覺得自己不夠勇敢。他們都受苦於想要更聰明、想被愛、以及更有自信的願望，這些渴望不僅是男性的需求，同時也是女性的。就如我們在書裡要看到的那樣，他們在旅程中的行為雖然不停地表現出他們渴望的特質，但他們卻渾然不覺。我們只能從他人的眼睛裡看見自己，因此所謂的自我評價往往是他人的評價，自我的慾望也往往是他人的慾望。因此人們總是渴望獲得好的回應，而旅程上的伙伴就是我們行為的最好的見證人。好伙伴總會激勵我們表現出最好的一面，他們的回應滋養了我們，使我們內心的良善面有機會不斷湧現好的循環。

03

迎向挑戰——陽性心靈的發展

故事梗概

一行人就這樣浩浩蕩蕩地出發，遇見了深谷，誰也沒辦法爬下去。正當絕望之際，膽小獅子卻說自己可能跳得過去，於是牠讓伙伴坐在背上，來回跳躍，渡過了河谷。他們繼續沿著黃磚道走，來到了猛獸「喀里達」的地盤，那是一種身體像熊，頭像老虎的怪獸，能輕鬆地把獅子撕成兩半。不過當喀里達發現他們的時候，獅子卻鼓起了勇氣，牠要同伴們先走，由牠來斷後。雙方在橋上對峙，稻草人想了好一陣，突然靈機一動，要錫樵夫將橋砍斷，喀里達當場摔得粉身碎骨。他們繼續來到了河口，砍柴造筏，但河水太湍急，木筏被越沖越遠，稻草人想用力撐著竿把船推往正確的路上，結果木筏已經流走，他還來不及鬆手，遂被困在竿上。錫樵夫哭了，他很擔心伙伴的安危。眼見離岸邊越來越遠，獅子再度發揮勇氣跳下河去，奮力地游著，將木筏與大夥兒都推上了岸。他們看著河中央的稻草人正發愁時遇見了鸛鳥，好心的牠飛上天空幫忙將稻草人給帶了回來。往前走不久，他們便發現自己置身在一整片美麗的罌粟花園中。

三種負面的男性典型

細心的讀者一定發現了，一路上每個人都展現了自己想要追求的特質。稻草人展現了聰明，獅子展現了勇氣，錫樵夫則展現了慈悲心。他們並不如自己想的那般愚蠢、無情和膽小。稻草人必須看見自己的聰慧和才智，更重要地，是要能運用它們。一個缺乏情感，內在如稻草人般乾巴巴的人更像是理性的奴隸而不是主人。這類人總是追求更多的知識，卻沒有足夠的智慧來分辨。或者將知識用來要求別人，而不是反求諸己。知識永遠是一體的知識，雖然我們習慣將知識與技術、態度分開對待，但若缺了情緒的經驗與體會，技術與知識都無法恰當地使用。他們會像稻草人一樣不停地覺得自己沒有價值感，除非他的學歷或地位勝過他人。他們的言語乏味乾枯，一如稻草使人提不起興趣。

錫樵夫是另一種男性的典型，他受女巫的詛咒而切掉了自己的手腳和器官，最後他的每個部位都變成硬邦邦的金屬，如果不隨時上油就會生鏽。他們以為只要堅強就不會受傷，結果是丟掉了自己的心。允許自己受傷是一件很困難的事，對許多中年男性來說，他們更習慣以攻擊代替自憐，在衝突裡總是氣勢凌人，逼著他人道歉認輸。錫樵夫的斧頭象徵著他們的攻擊性，偏偏他們越是這樣做，離愛越是遙遠。朋友防著他們，家人躲著他們。他們的界線就像金屬一樣沒有折中和溫度，所到之處皆是傷害。所以他失去了蠻支金少女全部的愛，也無法結婚。結婚是神聖的象徵，象徵著不同兩極的相互擁抱與完整。錫樵夫丟失了愛的基礎，因此被困在樹林裡呻吟了一年多，直到被桃樂絲解救為止。

獅子是萬獸之王，象徵著力量與尊貴。但故事中的膽小獅子一直在自大與自卑之間擺盪，牠透過嚇唬別人來維繫牠可憐的自尊心，但膨風水雞殺無肉，當牠一遇到奮不顧身的桃樂絲時，原本爆棚的自信很快就消風了。膽小的人不敢去挑戰生命的未知部分，只願意活在熟悉範圍裡的小世界。比起拉下臉來向人學習，內心住著膽小獅子的人更喜歡躲在小小的個人領域裡志得意滿地當國王。因此他們的問題就是拒絕歸零思考，一遇到新的情境和挑戰就自我質疑，整個人龜縮起來或像故事裡的獅子一樣變身成吼吼哥，想用氣勢凌人的方式嚇唬人。雖然森林裡的動物們都恐懼或讓著牠，但獅子卻很清楚，自己不過是個膽小鬼而已。當桃樂絲義正辭嚴地指責牠時，獅子立刻慚愧起來。

在真實生活裡，這三類象徵可能會以不同的比例出現在每個人的身上，並不真的截然劃分。所以我們內在或許都各住著一位稻草人、錫樵夫和膽小獅子，桃樂絲的功課就是幫助這些內在的不同面向去找到自己失去的那一半，進而讓心靈的每個部分都得到完整。

恐懼來自於拒絕檢視現實

黃磚道的盡頭就是位居中央的奧茲國，因此它象徵著正確的直覺道路，它蜿蜒地穿越了整個奧茲國，直達人格內在的核心——自性。但跟著直覺走可不是件容易的事，只要我們稍微猶豫就可能偏離，更不用說路上充滿了各種試煉。河谷象徵著人內在的斷裂，它強硬阻斷了我們內在兩極的碰觸，因此只能由跳躍來化解。這讓我們聯想起《哈比人》裡討論過的超越功能。但獅子的跳躍顯然還沒到那樣的境界，因為這只是個體化旅程的開端。那我們怎麼理解這個跳躍呢？膽小獅子的跳躍既是勇氣的展現，同時也有那麼一點囫圇吞棗的證明。是我們在還沒完全體會和理解成長的意義之前，奮力去到彼岸的膽識。有時這是必備的基本功，在捕到魚之前，不管知不知道魚群的生活習性或熟悉捕魚的技巧，都得在有限的時間內將它們熟記。這是由技入道的過程，好比九九乘法表、KK音標或唐詩，在知道數學的原理或詩人內心的滋味前，我們得先耐著性子背起來，才能往下一關走去，在需要的時候將它運用出來。

猛獸喀里達是熊虎合體的怪物，在現實中並不存在。牠具體化了我們心中的恐懼，它總是由這個可怕經驗、那個早期創傷拼湊起來的可怕怪物。稻草人在此發揮了他的優勢，他用清晰的眼光看穿了所處情境的優勢，讓錫樵夫砍斷了獨木橋。斧頭是伐木

被困在河流中央的稻草人象徵著理性在情感之流裡的境況，孤獨且無用。幸好遇見了象徵著愛與傳承的鸛鳥把他救了出來。

的金屬工具，明確象徵著意識與現實。恐懼本身總是拒絕跟現實檢核，因此形成我們的沉重壓力。焦慮之所以會相互傳染，有時就跟這個難以檢核的擔憂有關。因此當喀里達象徵的恐懼遇到了錫樵夫的斧頭時，當然是跌落深淵。

感性往往是理性的救贖

接著寬闊又湍急的河阻斷了他們，哪怕知道黃磚道的位置，仍被河流不斷往下游沖。修行及個體化之路也同樣如此，心裡的聲音時而清晰時而模糊，旅人們很難不偏離正確的道路。大夥兒試著用撐竿的方式將木筏往前推，也就是說，憑著意志想要克服流動的情感之河卻徒勞無功，稻草人甚至因此困在河中央。稻草人的願望是獲得一顆理智聰明的腦袋，難怪他會被卡在象徵情感的河裡動彈不得！結果是誰救了他呢？

——是送子鳥！

鸛鳥是古老又分布廣泛的物種，《聖經》記載，「連天上的鸛鳥也清楚知道移棲的時候……我的子民卻不知道耶和華的法規。」牠們行一夫一妻制，幼鳥長大後甚至會回來繼續使用父母留下的舊巢，因此被視為相當忠貞的鳥類。由於牠們喜歡棲息在溫暖的煙囪附近，而家中有新生兒的家庭為了怕嬰兒受凍，常會徹夜燒著爐火，所以歐美地區廣泛流傳著鸛鳥會送來新生兒的傳說。鸛鳥象徵的愛與傳承，解救了只掛心著聰明腦袋的稻草人。

故事梗概

他們走在罌粟花園裡，濃烈的香氣和鮮豔的顏色讓人昏昏欲睡。桃樂絲的眼皮越來越沉重，重到她覺得非坐下來睡覺不可，但錫樵夫卻不准她這麼做。桃樂絲真的撐不下去了，她不由自主地閉上眼睛，忘了自己身在何處，托托也跟著倒在主人身旁。稻草人跟錫樵夫趕緊抱著他們倆跑離開，獅子也強打精神往前奔馳，但還是無法抵擋而睡著，盡頭的草原就在前面。錫樵夫為自己幫不上忙而傷心，但也只能先把桃樂絲照顧好。到了草原後，錫樵夫看見有隻大山貓正在追捕灰色的小田鼠，錫樵夫不願這麼可愛又無害的小動物被殺害，手起刀落，砍下了山貓的頭。小田鼠停了下來，牠向錫樵夫道謝，原來牠是田鼠女王。為了回報這個恩情，牠命令子民們把獅子救出來。終於，他們回到了黃磚道上，安全地抵達了翡翠城的大門。

完整必須兼顧現實與心靈

我們都知道，罌粟花的萃取物是許多鎮靜類藥物的重要成分，鴉片是當中最著名的。它很美麗卻讓人昏昏欲睡。在希臘神話裡，奧德修斯返鄉途中遭到風雨吹襲，狼狽地抵達了「食蓮族」的土地，對方拿出了蓮花來招待他的手下，在吃了這些帶有蜂蜜味的蓮花後，水手們各個變得流連忘返，樂不思蜀，也忘了要回報情況。奧德修斯在船上苦候不至，這才派人將他們強押回船上，匆匆離開該處。這是一種心靈的沉睡，有害而無益。好比那些沉迷在3C、電玩，或酒精、藥物的人一樣，他們的行為其實不僅僅只是想要逃避外在環境，更重要地，我認為他們也貪戀那些物質帶來的合一感。然而這些合一感是虛幻的，也是怠惰的，如果毫不節制地使用這些東西，很容易就失去應接現實的能力。

個體化的要求卻不是如此，所謂的完整，既非在現實世界中追求完美，亦非在心靈世界中耽溺於平靜，而是努力地在這兩個世界中取得平衡。我們的肉身活在物質與倫理的世界，因此絕不能免除義務與責任。遠離，是為了復返。往潛意識心靈的勇敢前進，目的是為了返回現實世界，在現實的限制之下，更好地活出完整的自己。桃樂絲抵擋不住罌粟花的香甜誘惑，在花海裡沉沉睡去，這點生動地描述了常見的成癮行為。

靈性成癮症

成癮行為裡有一類很少被提及，卻是個體化之路上很常見的狀況，我稱它為「靈性的成癮」。這類人很容易耽溺或喜歡讓自己迷失在潛意識的汪洋中，例如那些走向極端的苦行僧或神祕主義者，但真實的修練卻往往如耶穌那樣帶著枷鎖。十字架很貼切地體現了神聖的象徵，大大的十字彼此往對立的方向拉扯，我們內心的神聖就位居中央，耶穌就是在那裡死去然後復活的。

舉幾個當代的例子來說，藥物與手機遊戲就提供了我們快速進入神祕經驗的方法，藥物的致幻現象且先不論，玩家在遊戲裡可以輕易地變換身分當個魔法師、馴龍者或異地來的戰士。所以我們才會看見許許多多無法上學的孩子沉迷在網路裡難以自拔，嚴重者會失去與人正常互動的能力。這種界線的模糊感就是靈性經驗中的重要成分，但少了責任與倫理的拉扯或者受苦的經驗，就無法走到最深處，碰觸到神聖的核心。充其量那只是在美麗花園裡的沉睡，而美麗的東西可能會讓人付出可觀的代價。

接納內在的異性別

錫樵夫出於憐憫殺了山貓，救了田鼠女王，我們在童話裡常見到類似的報恩情節。不過這是一個以年輕女性為主角的故事，所以田鼠女王的角色在此變得重要。作為女王，牠顯然是一位成熟女性，卻是一個小了很多號的女性。當牠被錫樵夫拯救的同時，錫樵夫也拯救了自己內在的成熟女性面向。還記得嗎？錫樵夫是被邪惡的女巫變成這副模樣的，換言之，他的憐憫讓他內在的成熟女性形象得到了改變，從一位具有威能的邪惡女巫，變成弱小卻知恩圖報的田鼠女王。牠在故事裡兩度幫助錫樵夫與他的朋友，暗示著錫樵夫象徵的攻擊性將會因為內心女性的逐漸活躍而逐漸消融。

深度心理學相信，每個人內在都是雙性的（也就是陽性面與陰性面，或者狹義一點地稱為男性面與女性面）。一個健康的人，會兼顧發展這兩種對立的面向。事實上，研究也證明這類人的心理健康程度較高，臨床的觀察也發現，這類人的親密關係品質比較好，家庭關係比較和諧。個體化所追求的完整除了人格面具與陰影的整合外，內在的異性別也是接納的對象。

04

西方女巫與聞綺思國——走向陰影

故事梗概

翡翠城的守門人命令他們每個人都必須戴上有著綠色鏡片的眼鏡，他們聽命行事。這城裡的每件東西都是綠色的，就連陽光也是如此。奧茲願意分別接見他們，桃樂絲是第一位。當她進入大廳的時候，她看見一顆碩大的頭，既沒有手腳，也沒有身體。桃樂絲說出了她的願望，但那頭顱告訴她，除非她殺死邪惡的西方女巫，否則他不會幫這個忙。隔天奧茲接見了稻草人，稻草人在奧茲的寶座上看見的是一位美麗的女士，稻草人說出了他的願望，但女士卻回答他，除非他殺死女巫，否則他不會幫稻草人實現願望。錫樵夫是第三天獲得接見，他見到的是一頭恐怖的野獸，那也是奧茲變成的，那野獸命令錫樵夫幫助桃樂絲殺死西方女巫，不然就無法得到他要的心。獅子也在第四天獲得召見，牠見到的奧茲是一團火球，他要獅子殺死西方女巫，否則牠永遠就只能當個膽小鬼！

外在的事物，是內在的投影

因為戴上綠色眼鏡，因此觸目所及全是綠色，這是偉大巫師奧茲的規定。這說明了此時的翡翠城仍是幻象之地，此時的桃樂絲一行人還沒有看見真相的能力。奧茲嚇唬眾人，除非殺死邪惡的西方女巫，否則不會替他們實現願望。換句話說，天下沒有白吃的午餐。所有我們真心渴求的事都得透過克服困難的勇氣才能得來。此時的奧茲沒有形象，桃樂絲見到的是一顆沒有身體手腳的大頭，這是她還沒有成熟的證明，因為到此時為止她都靠著伙伴的幫助才能逃出生天，作為一個完整的女性，她需要表現出更多的行動力才行。

稻草人看見美麗的女士，因為他看重智力與理性原則，缺乏女性所代表的情感面向。錫樵夫瞧見恐怖野獸，那是他內心攻擊性的投射，在心理投射物的面前，他的斧頭也無濟於事。膽小獅子見到的奧茲形象是一團火球，這點相當有趣，因為獅子座在占星學中是火象的固定宮，代表我們的意志和心臟，也就是說，那團火球就是獅子自己。他多次在旅程中證明自己的勇氣，卻覺得自己擁有的還是不夠。從這點來說，他特別需要自我肯定。

作為一位巫師，奧茲成功地扮演了前面提到的「搗蛋鬼」角色，他半逼半哄，讓桃樂絲一行人去殺死西方女巫。因為他本身是個騙子，並沒有打倒邪惡女巫的能力。但搗蛋鬼總能用某種方法使主人公踏上意外的旅程，甚至為世界帶來重要的改變。最著名的惡作劇之神或許非北歐神話中的洛基莫屬，他的「趣味」總是介於惡意與玩笑之間，奧丁之子、光明之神巴德爾就因為這樣死在自己的兄弟——黑暗之神霍德爾手中。

故事裡的「搗蛋鬼」

這故事是這樣的，天后夢見自己最鍾愛的兒子，同時也是人間歡樂來源的巴德爾將會死去，為了不讓惡夢成真，她請求世上的所有動植物及礦物都不要傷害巴德爾，大家都答應了。所有東西只要接近他就會自動避開或落下，諸神因此想了一個遊戲，就是拿手邊的武器或東西丟擲光明之神，然後看它落下，藉此取樂。但惡作劇之神洛基很快就從天后那裡探到口風，知道有一株小槲寄生因為太嬌弱了，所以天后沒去拜託它。洛基立刻施法讓小槲寄生長大，削成一枝長槍，並將它交給巴德爾的兄弟，黑暗之神霍德爾，慫恿他把長槍擲向巴德爾。霍德爾不察，猛力一擲，長槍刺穿光明之神的胸膛，巴德爾當場死亡。

洛基事後受到嚴厲懲罰，一直到「諸神的黃昏」來臨時他掙脫枷鎖為止。但如果不是他做了這些有害的事，諸神的統治就不會結束，屬於人類的新時代也無法到來。因此你稱呼洛基為人類時代的開創者也無不可。搗蛋鬼的本領就是為我們創造新機會和帶來新視野，縱使那一開始並不被我們所歡迎。詳細的劇情我們將在《神話裡的心理學》中繼續討論。如果桃樂絲沒有受到奧茲的拐騙，邪惡女巫或許還會在故事裡的西方繼續肆虐，《哈比人》中的比爾博也永遠只會是個窩在家裡等著變老、變胖的中年人而已。

故事梗概

翡翠城的士兵告訴桃樂絲與她的伙伴，沒有哪條路可以找到邪惡女巫，他們只能往太陽落下的地方不斷走去，於是眾人再度啟程了。女巫霸佔奴役的國家叫做聞綺斯國，她只有一隻眼睛，但這隻眼睛卻像望遠鏡一樣厲害，境內每個角落都逃不出她的視線，她對這群闖入者震怒不已。她召來了強壯的野狼要將他們碎屍萬段，但錫樵夫一次一個，將牠們的頭全砍了下來，總共四十匹狼都死在錫樵夫面前。女巫接著召喚一大群烏鴉攻擊他們，但牠們看到稻草人後非常害怕，稻草人一次一隻扭斷牠們的脖子，同樣是四十隻烏鴉。接著是一群黑蜜蜂，稻草人想好對策，把身上的稻草全抽出來撒在大家身上，除了錫樵夫以外。但蜜蜂的針一刺到錫樵夫就全斷了，蜜蜂全部喪命。女巫大怒，召來閒綺斯士兵，命令他們殺死入侵者，但獅子一聲大吼就將他們全嚇跑了。女巫不得已，只好拿出魔法金帽，召喚飛天猴。

召喚內在的陽性能量

西方是日落之處，易言之，就是陰影藏身的地方。

沒有哪一條路通往閒綺斯國，小女孩桃樂絲只能往太陽消失的地方不斷走去，這裡再現了《地海巫師》的主題，格得追捕陰影直到開闊海，那是個沒有終點的終點，也是個沒有過去沒有未來的地方。如果我們回想一下桃樂絲的旅程就會發現，這一路上她是從東往西走的，也就是背對著陽光。兩位邪惡的女巫分別霸佔了東西方，換言之，是日升與日落之處。這點相當有趣，因為這說明了我們的意識人格和陰影同樣邪惡，如果一個人要邁向整合，就不能只認同這兩端的任一方才行。東方女巫已經在桃樂絲降落的時候被壓死了，那時桃樂絲順從了內心的情緒風暴，從而穿透了人格的面具，陰影則在日落處窺伺，若不擺平它就無法返家。

女巫只有一隻眼睛，卻能觀看整個國境。換句話說，潛意識永遠活躍，陰影隨時

飛天猴一下子就打敗了桃樂絲一行人。獅子被帶回去當寵物，稻草人跟錫樵夫則慘遭毀壞，遺棄丟置在路邊與樹上。但桃樂絲因為有北方女巫的吻得以逃過一劫。

等著反撲。她分別召來了野狼、烏鴉、黑蜜蜂和士兵，但都被桃樂絲的伙伴打敗。如果讀者仔細看就會發現，他們是透過對自身特質的善用而取得優勢。野狼死在利刃之下，烏鴉本能地害怕稻草人，稻草人跟錫樵夫根本不怕蜜蜂叮咬，士兵則恐懼大吼的獅子。從個體化的角度來看，桃樂絲已經開始懂得和這些內心的男性居民互動，並瞭解了他們專屬的能力。也就是說，如果女性學會妥善發展內在的男性層面，就能大幅地削弱陰影發動的攻擊。整合對立一直都是個體化的重要功課，不論男女都相同。女巫對他們一點辦法也沒有，只好拿出具有魔力的金帽，將飛天猴召喚出來。

擁有金帽的人可以召喚飛天猴三次，牠們會遵守任何命令，邪惡女巫已經用過兩次了，第一次她用來征服聞綺斯國，第二次用來對抗偉大的奧茲，將他的勢力趕出西方國。她第三次召來了飛天猴，命令牠們除了獅子外的人全部都殺掉，因為她想留獅子下來當寵物。眾人都不是飛天猴的對手，只有桃樂絲逃過一劫，因為她的額頭上留有北方女巫的吻，飛天猴無法傷害她，只能帶她回去覆命。

故事梗概

邪惡女巫同樣無法傷害桃樂絲，但她看見了桃樂絲的那雙銀鞋，她知道這雙鞋的法力強大，因此竊想著該如何據為己有。她命令桃樂絲清洗鍋子水壺、掃地、添加柴火。

桃樂絲很乖巧地認真工作，慶幸著女巫饒她一命，但也非常悲傷，因為她逐漸明白回家無望，再也看不到嬸嬸了。桃樂絲除了睡覺和洗澡外都不會脫下鞋子，偏偏女巫怕黑也怕水，所以苦無機會。終於她想到一個詭計，故意絆倒小女孩，趕緊將掉下來的一隻鞋搶走。桃樂絲生氣地對女巫說，「把鞋子還我！」女巫不僅拒絕，還威脅要搶走她剩下的那隻鞋。桃樂絲很生氣，順手拿起手邊的水桶往女巫潑去，女巫嚇得大吼，逐漸融化、消失，桃樂絲打敗了女巫！

家中排行對人格的影響

猴子本身就象徵著「半人」，對那些不聽話的小孩，我們也常稱他們為「猴囝仔」。而長著翅膀的飛天猴更是奇異，既屬天，又屬地。也就是說，牠們不受男性法則與女性法則的拘束。但牠們卻得聽命自己的主人，桃樂絲在打敗壞女巫後成為牠們的新主人，飛天猴也就轉為桃樂絲服務。可見飛天猴所象徵的是內在的本能力量，行好還是行壞端賴我們如何使用它。桃樂絲被帶到邪惡女巫面前，被要求做各種家事，她乖巧又認真，慶幸女巫饒她一命。易言之，她試著討好西方女巫。對抗、逃離與討好他人都是常見的生存手段，因為社會文化的影響，女性較常出現後者。她們相信這樣做才能讓對方息怒，進而讓自己得到想要的。因為害怕衝突，她們會將憤怒與受傷的情緒深藏在心底，一個人躲在暗處舔舐傷口。等到傷口癒合後，又回到原有的情境，繼續表現出樂於被剝削的樣子。許多排行老二的小孩也有這類問題，因為老大已經享有家族的目光，在身心發展上也遠勝自己的弟妹，因為難以跟老大一較長短，所以有些老二變得必須討好自己的兄姊來確保自己的地位。若是發展得宜，他們會成為善於合作與傾聽的人，但順從和自貶也會使其陰暗面強大起來。

無從表達的憤怒會轉化為憂鬱

這是為什麼桃樂絲雖然聽話認分，卻又覺得悲傷的緣故。因為她壓抑了自我的主張（回家），同時也就壓抑了自己的怒氣。憤怒與悲傷常是一體的兩面，如果我們總是因為害怕衝突而藏起憤怒，它很快就會轉化成憂鬱，成為情緒的主調。罹患憂鬱症的當事人往往有無從表達的深深怒意，這點曾被很多治療師指出來過。相反地，動不動就以暴怒的方式來解決衝突的吼吼哥，背後則有一個受傷的自己，好像非得嚇退他人才能證明自己贏了一樣，他們需要的是正視自己的悲傷經驗，否則麻煩事會在中年以後接踵而來。

女巫怕水倒不令人意外，因為水是淨化的工具，正好用來除掉髒汙與邪惡。不論是天主教的聖水，還是道教的符水，水都充當了神聖的載具，用來淨化特定的空間乃至人體的疾病。但女巫怕黑是一件很弔詭的事，看來這位壞女巫也有自己的陰影要面對。

在桃樂絲被女巫絆倒，拿走一隻銀鞋之後，她終於生氣了。銀鞋是女性的本源能量，壞女巫不僅搶了一半，還宣稱要將它全部奪去。失控難得地成為一件好事，若不如此，桃樂絲不會知道自己擁有什麼力量。讀者可以回想一下，有多少次旅程出現的磨難，都是她的伙伴們趁著桃樂絲睡著的時候幫忙默默處理掉的？也就是說，在挑戰面前，桃樂絲基本上一直維持著一個天真少女的模樣，等待他人伸出援手。現在她受不了了，因為作為一個女性，她該做的已經做得夠多，她已經夠乖、夠好，但女巫怎麼回報她的？桃樂絲的憤怒「唰！」一聲地突破了理智和討好他人的自我防衛，她順手拿起水桶，將水往邪惡女巫身上潑去。當陰影被象徵著陰性能量的水給洗淨的時候，桃樂絲也洗淨了自己。

05

返回奧茲城——虛偽自我的揭穿

故事梗概

桃樂絲放出了獅子，取得了金帽，同時召集所有的聞綺斯人，宣布他們自由了。聞綺斯人興高采烈，同時也幫忙修理好被飛天猴摔碎變形的錫樵夫，縫補好被飛天猴拆毀丟棄的稻草人，他們希望錫樵夫能留下來當國王，但他們想要趕緊回到翡翠城討賞。一夥人出城後找不到回翡翠城的方向，因為他們當時是被飛天猴抓來的。正想放棄的時候，桃樂絲想起了田鼠女王，所以趕緊叫來了這些草原裡的小朋友，田鼠女王建議他們可以請飛天猴幫忙，他們果然一下子就回到了翡翠城。眾人急著要求奧茲履行承諾，奧茲卻顧左右而言他。他們這才發現，奧茲竟然是躲在屏風後的一個小老頭！奧茲其實是一位腹語師和熱氣球駕駛員，多年前一場意外讓他降臨在此處，當地人看他來自雲端，以為他是偉大的巫師。但奧茲卻很害怕邪惡女巫，畢竟他沒有魔法。因此他才騙桃樂絲去殺死西方女巫，慚愧的是，他沒辦法幫助她們。但其他人還是很希望得到大腦、心和勇氣，於是奧茲答應了。他們都會獲得自己想要的東西。

將內在力量由破壞導向重建

當他們迷路時，想到還有田鼠女王可以幫忙的不是別人，而是桃樂絲。這說明了桃樂絲已經懂得如何利用自身的資源，田鼠女王建議她，可以使用金帽召喚飛天猴。這和她腳下的銀鞋不同，銀鞋雖然是寶貝，但桃樂絲至今還不曉得使用方法。但作為第二件到手的寶物，她很快就掌握了魔法道具的奧祕，飛天猴果然聽話地帶著大家一下子就回到了翡翠城。這個桃樂絲－田鼠女王－飛天猴的問題解決路徑，與田鼠女王第一次出現時不同，桃樂絲顯然透過田鼠女王所代表的成熟女性面，更進一步地獲得了飛天猴所象徵的本能力量。在《哈比人》裡，出現於森林邊緣處打家劫舍的食人妖也有類似的象徵意義，一旦使用得當，本能的原始破壞性就能往建設性的地方發展。

我們一直都是完整的，但我們卻不知道。我們以為意義與幸福在外邊，其實它們都在心裡。禪宗大師趙州從諗在尚未悟道之前曾向老師南泉普願請益：「如何是道？」南泉回答：「平常心是道。」換句話說，人的內在本自充足，不假外求，凡人如我們卻不見得明白。如果不是故事裡的奧茲在下文中略施小計，稻草人、錫樵夫和獅子的心中仍然會有遺憾。這時只要善用一紙證明、一個信物，就可以極大地安撫每個人。

聞綺斯人召集了優秀的工匠修好了錫樵夫，還邀請他擔任國王，但在取得奧茲的獎賞前，錫樵夫沒有心思接下這份工作。

象徵的意義也源於人的參與

他告訴稻草人，真正的知識來自經驗不是大腦，但稻草人聽不下去，因此奧茲就用穀糠跟大頭針幫他做了一個大腦；他告訴獅子，真正的勇氣是雖然害怕仍然挺身面對危險的勇氣，亦即「勇於不敢」，但獅子聽不下去，於是他送給獅子一瓶飲料，喝下去後就會勇氣滿滿；他告訴錫樵夫，心會讓很多人不快樂，但錫樵夫不在意，於是奧茲裝了一包木屑當作錫樵夫的心。每個人的願望都成真了！或許應該這麼說，每個人想要的是他們早就擁有的東西。但若不是他們勇敢地走這一遭，奧茲那些不起眼的小東西也不可能有這個效用。這些把戲之所以有效，是由於當事人賦予了它們深刻的意義，旅程中的點點滴滴被投射在這些物品上，從而濃縮成具有魔力的象徵。一擁有那些東西，我們就「彷彿」成為了那些東西。原始人之所以信仰圖騰、崇拜圖騰，原因同樣如此。

因此我認為象徵的意義相當程度上也必須有當事人的積極參與才行。以解夢為例，對一個不相信夢或不願有意識地參與夢境的人來說，象徵無非死物，它無從喚起更多的情感，從而也就失去了魔力。因而對我們來說，稻草人的大腦不過就是一團針，但稻草人卻深信不疑。

故事梗概

雖然桃樂絲的朋友們都很滿足，但她卻悶悶不樂，因為奧茲幫不上她的忙。然而四天後，奧茲找上了她。他重新做了一個很大的熱氣球，雖然不保證一定成功，但他願意跟桃樂絲一起試試這個方法。一切就緒後，他向人民宣布，他離開以後，翡翠城就由稻草人統治，大家必須服從他的領導。熱氣球即將升空了，他喊著桃樂絲，叫她快點上來。但托托卻跑進了人群裡，桃樂絲好不容易才找到牠，她抱起小狗，奔向氣球。但啪的一聲，繩子斷了，氣球升到了空中。從此以後再也沒有人見到神奇的巫師奧茲。稻草人建議請飛天猴帶著桃樂絲越過沙漠，但飛天猴做不到，因為牠們只屬於這個國度。稻草人決定問問士兵，士兵建議他們往南邊走，拜訪善良女巫葛琳達，她統治著南方的奎德林人，但此途相當凶險。她的朋友們卻不害怕，決定和桃樂絲一起出發。

找回自身的女性能量

當桃樂絲成功地整合自己的陰影後，奧茲的騙子身分就被拆穿了。現在奧茲必須離開，因為真實自我的輪廓已經漸漸清晰，再也容不下虛偽自我的存在。那個除去邪惡女巫的小女孩，比擁有偉大巫師稱號的奧茲還要偉大。奧茲邀請桃樂絲一起坐上熱氣球離開，但只有托托知道她的旅程還沒結束。作為一個女性，她還需要接通自己本有的女性能量才算完整，而不僅是使內在有害的男性面向得到平撫而已。因此一路上無憂無慮、童心歡快的托托，在此時再度打斷了桃樂絲原有的生命進程。第一次牠使桃樂絲來不及躲到龍捲風地窖，第二次牠讓她來不及登上奧茲的熱氣球，或許我們稱托托為小搗蛋鬼也無不可，因為牠帶來的意外背後總是暗藏重要的禮物。

托托（Toto）這個名字與完整（Total）有極類似的發音與意義，女人與動物的關係非常古老，因為在新石器時代，女性有負責豢養和照料家畜的義務。如果我們注意一下桃樂絲和托托的關係，就會發現他們是一對共伴的角色，比起稻草人、錫樵夫和獅子等伙伴，桃樂絲與托托之間顯然有更親近的關係，很難將故事中的彼此分開看待。因而不僅神話中的女神常以動物形象出現，她們也被視為保佑家畜興旺的守護神。女性與小動物之間的神祕聯繫從寵物市場的蓬勃發展也可以看見一點端倪。

女性的個體化，仰賴對陰性能量的接納

奧茲臨走前將翡翠城給稻草人統治，象徵著原先對立的自我與自性已經開始產生

交流，因為理性的大腦被邀請進駐了內在的神聖核心。然後就再也沒有人看見過奧茲。稻草人給出了實用的建議，那就是請飛天猴帶桃樂絲飛越沙漠。然而稻草人此時雖已貴為翡翠城之主，他的點子卻對桃樂絲的處境沒有幫助。這證明了女性心靈自有其獨特性，不是奧茲、稻草人這樣的成熟男性可以幫上忙的。她必須往南方拜訪善良女巫才行。也就是說，這本是一場在北方善良女巫祝福之下啟程的旅行，在打倒了邪惡的西方女巫後，女人也必須再回到善良的南方女巫處才可以。有別於男性的個體化之路被描述為打倒邪惡或完成目標的過程（例如比爾博協助矮人取回黃金），女性在打倒邪惡後，還必須重拾內在的溫柔與純真。因為行動與冒險是男性的價值，而女性的個體化之路雖然不可免地必須仰賴對內在陽性能量的發掘與認可，但更重要地，是她們必須在一切結束後再次回頭接納自己的陰性能量。

06

南方女巫葛琳達——探訪內在女神

故事梗概

和翡翠城告別後，他們來到了一座茂密的森林，放眼望去，似乎都看不到盡頭，看來只有走進森林裡才能抵達南方了。但當他們試著走進森林時，卻被入口的大樹給擋住了。它伸出樹枝纏住稻草人，還將他舉到半空中拋向稻草人的同伴們。不管從哪棵樹下接近，入口處的樹都會發動攻擊。錫樵夫拿起斧頭砍斷那些發起攻擊的樹枝，眾人才能匆忙地通過。一進到樹林裡，其他的樹都很正常，看來只有入口的樹具有警衛的功能而已。進到樹林深處後，他們遇見一堵白瓷製成的高牆，精美但光滑。錫樵夫砍柴搭梯，當他們進入牆內時才知道進入了瓷器國，那裡的地面又滑又白，四周散布許多房子，也全是瓷器做成的，但最高只到桃樂絲的腰部。居民、家禽也都是瓷器製成，每個人個子都很小。他們小心翼翼地跨過他們，桃樂絲對瓷器國的公主最感興趣，想將她帶回家，但公主拒絕了，因為一旦離開這裡，他們的關節就會變硬、無法活動，失去自由。桃樂絲不願公主不快樂，只好和他們說再見。

觸發內在的「情結」

在進入森林前，一行人遇見了會攻擊人的警衛樹。此處的主角是稻草人跟錫樵夫，稻草人的機智在前半段的旅程中多次提供了解決之道，但跟這些不講道理的警衛樹鬥智似乎沒有用處。俗云「秀才遇到兵，有理說不清。」那些糾纏人的大小樹枝我們或許可以參考治療師吉妲．桃樂絲．莫瑞那的說法，用內在剪不斷理還亂的情結來思考它。情結是一種在內心高度凝聚了情緒的叢集，也就是俗稱的、我們內在的「地雷」或「心結」，只是它位處潛意識，平時我們覺知不到。當情結被觸發後，自我就會被迫讓位給它，從而使人失去理智。因此，當情結佔領某個人時，任憑他人怎麼誠心、耐

深度心理學小學堂 19：情結

情結一詞是由榮格所創。他在設計「詞語聯想測驗」時發現受試者對某些語詞會有反應時間過長、太突兀、或反應貧乏等情形，從而推測出它們背後可能有著某個情緒的集結存在。情結之間往往相互牽扯，很難釐清。例如金錢情結的背後或許就有手足情結與母親情結作祟，因為我不僅是對錢很焦慮，更對賺得比哥哥少而感到焦慮，而這同時讓我覺得媽媽似乎自幼就更偏愛哥哥而嫉恨。

心地試著對他澄清和講道理，都沒辦法撫平情結被觸發時的怒氣、難過、或焦慮。他們可能逢人便罵、便打，旁人可能要到很久之後才會明白當事人生氣的點在哪裡，甚或根本不會明白。

樹總是對應著女神，拜訪葛琳達是桃樂絲的最後一項任務，守衛樹因此代表女神領域的最外圍。桃樂絲要想找到內在的女神（也就是葛琳達），就必須穿越警衛樹象徵的情結不可，特別是它們毫無來由地就隨意攻擊所有訪客，哪怕樹下有空隙，大家也無法穿越，稻草人這回可真是遇到對手了。錫樵夫的手段倒是值得參考，他選擇強硬回擊這些無理的要求。他斬斷那些樹枝，而不是試著講道理或刨掉這些大樹的根。也就是說，他只是堅定地維持自己的界線。

不經驗脆弱，就難以學會體貼

與書裡的其他遭遇不同，瓷器國的橋段在這裡略顯突兀，因為他們沒有招惹桃樂絲和她的伙伴們，相反地，他們倒是很擔心這群客人的造訪。他們是我們內在的脆弱面，如果把瓷器國跟守衛樹一起看就清楚多了。守衛樹張牙舞爪的目的原來是為了保護森林裡的瓷器人，也就是說，憤怒總是包裹著脆弱。瓷器國裡的每個人都經不起碰撞，雖然能夠修復，卻會留下明顯的疤痕。因此他們選擇築起高牆來和牆外的世界隔離，易言之，在避開了情結後，桃樂絲穿越的是我們內在都有的脆弱。

當治療師在講「自我接納」時，總是指向內在最軟弱幼小的那一塊。如果桃樂絲選擇繞過瓷器國的高牆，而不是試著走進去，那就不能算是通過了考驗。小心翼翼地經歷它、看見它，卻不去損毀、批判或甚至帶走它，是這個階段的唯一方法。這是瓷器國的公主之所以不願離開的原因，脆弱有它自己的位置。如果不去經驗那層脆弱，我們就學不會體貼，不論是對自己或他人。這對桃樂絲來說尤其重要，因為那是她走進內在女性的重要一步。

故事梗概

離開瓷器國後，一行人進入了另一座森林，那裡的樹比一路上見過的更高大、更古老。森林裡的野獸正在林間的空地集會，當動物們看見獅子的時候突然安靜下來，最大的老虎恭敬地歡迎牠，希望萬獸之王能夠為牠們擊退敵人。原來有一隻大蜘蛛闖進了這裡，吃掉了各種大小動物，森林裡原先有幾頭獅子，但也被牠吃掉了。獅子問，「如果我替你們解決敵人，你們願意尊我為國王嗎？」動物們齊聲同意。於是獅子出發，找到了大蜘蛛。趁牠還在睡覺時，膽小獅子一躍而上將蜘蛛細小的脖子給拍斷，解決了這隻怪獸。動物們奉牠為王，獅子也答應等桃樂絲回堪薩斯之後就回來領導大家。通過森林後，遇上了布滿巨大岩石的山坡。岩石後頭藏著幾百個沒有手臂的槌頭人，不論用盡什麼方法，他們都沒辦法爬上去，因為槌頭人會將自己的頭當成炮彈一樣發射，將大夥兒打下山坡。於是桃樂絲在錫樵夫建議下最後一次召喚出飛天猴，命牠們帶眾人越過山丘，他們終於成功來到了奎德林國。

成為自己的母親

他們進入了古老的森林，也就是潛意識的最深處。那裡被大蜘蛛肆虐，動物們原先的領袖都被吃了。我們在《哈比人》裡討論過蜘蛛的象徵，此處的大蜘蛛有著類似的意涵，不過主角從男性改成了女性，象徵著桃樂絲必須主動對內在的恐怖女神發起攻擊。象徵內在勇氣的獅子觀察過大蜘蛛，牠發現蜘蛛的脖子最為脆弱，如果趁牠睡著時攻擊此處將會有最大的勝算。這回獅子不再和旅程的前半段那樣處於被動，而是在面對難關時主動面對敵人並爭取機會。牠很喜歡這座古老的森林，也願意挑戰大蜘蛛，但代價是眾人必須尊他為王。獅子本有火、太陽、尊貴的象徵，因此與內在神聖的自性頗有關聯，牠在古老森林的登基為王，正意味著自性的光芒照耀了潛意識，桃樂絲擊敗了內心的恐怖女神，也就是黑暗母親所代表的死亡面向。那是象徵控制慾、創傷、不安、對子女潛力的呑食、絕對服從的女神形象。男英雄必須從她手上爭取獨立，女英雄則必須取代她，才能成為自己的母親。

錯誤的男性價值觀

槌頭人石林是他們來到奎德林國的最後一道關卡，雖然槌頭人沒有手，但憑藉著強健的頭和不斷伸展的脖子，大夥兒怎樣都無法靠近山丘。要想接觸到內在的女神葛琳達，桃樂絲必須做最後一次飛越。前面提到的分析師吉妲・桃樂絲・莫瑞那認為，槌頭人的大頭與所在的巨石都象徵著頑固的信念，我則覺得，他們似乎更接近那些錯誤的男性價值觀，特別是動腦不動手（輕視日常經驗的生活白痴）、固執而懶於溝通（專家心態）的態度。

衝撞證明不會成功，因為獅子被他們撞得滿身傷。但這回提出建議的不是稻草人，而是終於找到心的錫樵夫。旅程的最後，錫樵夫終於從其象徵的男性僵硬與攻擊面向中轉化，只有心才會知道，無從跨越時，我們就必須飛翔。稻草人所象徵的大腦無法理解這種飛翔，因為意識嚮往明確，這是稻草人一開始就被擊退的原因。槌頭人搆不著飛天猴，只能氣惱地叫著。

當我們所處的高度出現變化，視野也會跟著遼闊。內心過往的喧囂不再能影響我們，特別是對女性來說，成長常常伴隨著他人的惡意。英雄似乎專屬於男性，女人只能當個配角，或者讓自己表現得像個男人，獨斷、易怒、好競爭。女性的身邊一直不太有適當的楷模可以效法，也不知道該如何在父權的社會裡做一個完整的女人。直到這一刻，葛琳達現身。

07

回家——對陰性特質的重新接納

故事梗概

他們終於來到了南方女巫的國度，葛琳達坐在紅寶石寶座上，看起來年輕又美麗，穿著純白色的洋裝，和藹地看著桃樂絲。葛琳達願意幫忙桃樂絲回家，不過得拿金帽交換，桃樂絲當然同意，因為她已經召喚出飛天猴三次，沒辦法再使用金帽的魔力了。葛琳達拿到金帽後，召喚出飛天猴，在取得大家的同意後，她打算讓飛天猴將稻草人送回翡翠城統治那裡的人民，送錫樵夫回閨綺斯國統治閨綺斯人，送獅子回古老森林當國王。待法力用完後，葛琳達會將金帽交給猴王，放牠們自由。

大家都很感謝好女巫的善意。至於桃樂絲呢！葛琳達告訴她，銀鞋具有神奇的力量，只要把兩隻鞋的鞋跟互敲三下，就可以讓鞋子帶主人去任何地方。桃樂絲和眾人道別，大家都難過得哭了。敲完鞋跟後，桃樂絲立刻飛旋升空，才跨了三步就回到了堪薩斯草原，她不在的期間，叔叔嬸嬸已經蓋起了新農舍，嬸嬸開心地將她攬在懷裡。桃樂絲的腳上只剩下襪子，因為銀鞋在她飛行途中掉了，從此永遠遺落在沙漠。但桃樂絲還是很高興，她終於回到家了！

整合內在的女性能量

葛琳達在這部女性故事裡具有關鍵性的地位，因為她是四位女巫中唯一有名字的人。

有別於位居奧茲國中央的奧茲巫師是一個善良的冒牌貨，葛琳達卻是貨真價實的女魔法師。在桃樂絲完成了擊敗邪惡女巫的任務後，作為一個完整女性，她真正重要的任務現在才要開始。也就是說，她雖然以男性的能量擊敗（或洗淨了）邪惡——這見諸於她的憤怒和潑水這個動作，但桃樂絲如果要成為一個完整的女人，就必須接納和整合內在的成熟女性葛琳達，一個善良、智慧、美麗且長壽的魔法女性。

可以這麼說，如果少了後半段尋訪葛琳達的過程，那麼《綠野仙蹤》就會失去女性成長故事的資格。因此女性故事的要件並非主角的性別，而是它如何描述女性特殊的心靈。如果它只是將男性的英雄故事完整照搬，然後簡單地把男主角置換成女主角，那只會讓女性的個體化之路成為一場拙劣的模仿秀。

崇拜父權的女強人

遺憾的是，我們在現實生活中很容易見到這種例子，例如極端的女權主義者和職場上的女強人，她們都很有可能是這類過度認同男性英雄腳本的受害者。她們的成功主要是依循男性的法則，因此對待同性別的女性時，很容易展現出鄙視她們身上女性特質的態度。雖然嘴裡談論的是平權甚或女權，但其所作所為卻無一不是父權。我見過、聽過不少女主管若有似無地譏諷請育嬰假的女下屬，甚或把女性下屬將家庭子女視為優先的態度視為軟弱和缺乏啟蒙。她們躲在女性或女權的外衣底下，幹著加害女性的事。因此一個人是否具備性別平權態度和他的生理性別並無直接關係，而一個好的女性楷模又是如此難尋。

在神話裡，美杜莎本是戈爾貢三女妖中唯一的人類女性，她的美貌無與倫比，因此吸引來了海神波賽頓。波賽頓在雅典娜的神殿裡強暴了她，同為女性的雅典娜不僅沒有替她申冤或抱不平，反而認為美杜莎褻瀆了自己的神殿，因此降禍於她，使她成為可怕的蛇髮女妖。雅典娜一直以來就是父親的女兒（father's daughter），她對男性價值觀過度認同，因此無形中也成為女性的加害者。相關的討論我們會在《神話裡的心理學》中繼續分析。

女人如何回到「內在之家」

世界無非我們內心的投影，這類人的行為正說明她們拒絕認同自身的女性面向。這是為什麼在旅程的最後才第一次出現女巫的名字，因為桃樂絲終於認出了自己。這說明女人必須在個體化旅程的後半段造訪內心的女性，透過她才能接通女性的能量。唯有如此，女人才能「回家」（對桃樂絲來說，就是返回堪薩斯），而這是男性巫師奧茲幫不上忙的。

桃樂絲成功返家的關鍵在哪裡？就是她終於認識到回家的力量在自己身上。鞋子是保護腳掌的器物，而腳又是人體負重的部位，因此象徵著與土地的緊密關係。桃樂絲自始便擁有回家的魔力而不自知，這不正是個體化路上許多人共同的盲點嗎？我們以為祕密在老師的腦海裡，在書本的某一句話中，好比年輕人以為成功之道是在遠方，他們想讀外國的大學，想認識異地的朋友，想接觸不同領域的學科。越是向外看，越是看不清。旅行讓我們走得遠，卻不見得能使我們看得深。如果內心不清明，護照本上再多的印章也無濟於事。一如年輕的桃樂絲，她四處尋求回家的方法，結果方法就在腳下，就在身上。

換回本具的「女神面貌」

只要我們願意低下頭來，願意反過身看看自己，有時會發現那永不滿足的動力並非源自勇氣，而是不安。比起回頭看陰影，外面的風景不是好多了嗎？葛琳達就教會了桃樂絲這一點。然而如果不是那漫長的旅行與重重的考驗，我們又怎麼會有勇氣觀看自身呢？這是為何個體化的前半段需要我們闖蕩，後半段又需要我們內省的原因。偉大的冒險不只在外頭，也在裡頭。銀鞋之所以最後會不見，我想正是因為銀鞋的能量已經被桃樂絲整合在一起了的緣故吧？

葛琳達拿到金帽後對飛天猴下的三道命令，是讓稻草人、錫樵夫和獅子回去統治不同地區的人民，使眾人都得到幸福。然後她就放飛天猴自由，從此牠們不需要再聽從任何人的意志。她為桃樂絲示範了何謂良善。也是到此處後，銀鞋的祕密才被揭露出來。原來回家的方法一直都在桃樂絲腳下，但如果不走這一遭，她的朋友們就不會得到大腦、心與勇氣。換言之，她就無法解救內心受苦的男性。同時，她也不會知道在個體化旅程的最後，她會認出自己的女神面貌，接納本自固有的女性生命。

自信、勇敢、慈悲與溫柔，在女性楷模葛琳達的示範下，桃樂絲和歷代每個勇敢的女性一樣，她們都成為了自己。

善良女巫葛琳達妥善安排了每位勇敢旅人的歸宿，還釋放了飛天猴。她是桃樂絲內心的女神，也是女性成長故事最重要的角色。

結語

我一直相信，女性有著與男性截然不同的個體化路徑。她們除了要與內在的陽性面和解之外，更需要接通內在的陰性，尋訪自身的女神，這才使女人真正成為自己。女性的個體化雖然也涉及了對抗，但當中並沒有仇恨或你死我活的意味，這象徵著在女性的價值觀裡，修補與理解才是故事中最重要的主題。這是為何葛琳達巧妙地安放了故事裡的每個角色，讓他們各有去處，各自安心。這場由龍捲風帶來的冒險，最後也在銀鞋的魔法風中結束。風所象徵的自由與力量，正是走向個體化，找到自我的女性的最佳寫照。當那個時刻來臨時，人就不再需要外在的東西來證明自己。銀鞋的魔力並不是失落了，而是被整合了，它成為桃樂絲的一部分，永遠在她的生命裡閃耀著不滅的光輝。

伍：結語

謝謝每個翻到這一頁的你。完整是人一生的追尋，這個發現隨著我年紀與歷練的增加越發深信不疑。人生的前半段我們用盡心力尋求自己的舞台，照料我們的家庭；人生的後半段我們卻與死亡相遇了，換個角度說，是與生命的意義相遇了。

每個諮商室裡的個案，每個以不同方式與我聯繫上的求助者，雖然他們帶來的問題各個不同，其本質卻是人人相似。從孩子、就業、陰影、原生家庭、自我傷害衝動、配偶外遇、長輩照料、失眠、空虛與無意義……歸根究柢，這些問題都得回到自己。原因是那些我們身上沒有的不會困擾我們，同時他人的責任與錯誤我們亦無法為之承擔。受限於各類限制，我們可能無法在真實的世界中行得遠（畢竟機票不便宜），但只要有足夠勇氣，我們卻能在內心走得深。在那裡，我們會與自己相逢，乃至與更大的整體相逢。

之所以選擇說故事，是因為故事係幫助我們走向深處的絕佳媒介。每個孩子都喜歡聽故事，也都喜歡叫大人一遍又一遍地講自己愛聽的故事。如果你曾經是位父母，一定還記得他們怎樣把自己當成書中的男女主角，並以此自豪。在學校教授心理諮商的這幾年，我深深感到理論課程的侷限。知識如果不能與個人的生命結合，其結局就是遺忘。但不是每個人的生命都豐富多彩，或曾在低谷跌宕，因此面對生冷的心理學詞彙時，總是有雲霧縹緲的感覺。

故事於是展現了它的優勢。

神話與傳說之所以能歷經數百千年而被牢記，不正是同一個原因嗎？它們想表達的不是別的，而是那些我們曾經很熟悉的心理學事實：長大、成熟、重拾完整。想想那些英雄的掙扎、森林的奇遇、鬼神的護佑、狐仙的報恩、以及各種痛苦與悔恨。這些神話與傳說曾經療癒了人類的祖先，不需要多加解釋，他們也能心領神會。現代人似乎逐漸喪失了這個能力。如果深度心理學能幫助我們重新領略故事的深意，相較於單純講授心理學知識，受益將是百倍、千倍。

於是這個系列在我的粉絲專頁上誕生了，那些為孩子和好奇的大人寫的書便是當代的神話，他們成為我說故事的起點。而每個陪伴我走到這一步的讀者與聽眾，你們的回饋與支持都是我創作的一部分。我深信緣分存在，所以不論正在讀這篇文字的你是誰，我都很高興能用這種方式與你相遇。

參考書目

第一章

路易斯．卡洛爾著，張華譯注（2010）：《挖開兔子洞：深入解讀愛麗絲漫遊奇境》。台北：遠流出版社。

河合隼雄著，蘇文淑譯（2016）：《故事裡的不可思議》。台北：心靈工坊出版社。

河合隼雄著，林詠純譯（2017）：《閱讀奇幻文學》。台北：心靈工坊出版社。

佛洛伊德著，孫名之譯（2019）：《夢的解析》。台北：左岸文化出版社。

菲利帕．皮亞斯著，張麗雪譯（2017）：《湯姆的午夜花園》。台北：台灣東方出版社。

第二章

瑪麗－路薏絲．馮．法蘭茲著，徐碧貞譯（2018）：《永恆少年：從榮格觀點探討拒絕長大》。台北：心靈工坊出版社。

詹姆斯．馬修．巴利著，盛世教育譯（2018）：《彼得潘》。台北：笛藤出版社。

河合隼雄著，廣梅芳、林詠純譯（2019）：《日本人的傳說與心靈》。台北：心靈工坊出版社。

第三章

羅勃·路易斯·史蒂文生著，范明瑛譯（2013）：《化身博士》。台北：遠流出版社。
安徒生著，張宗溫譯（2000）：《安徒生童話全集》。台北：聯廣出版社。
卡夫卡著，姬健梅譯（2010）：《變形記》。台北：麥田出版社。
愛倫·坡著，曹明倫譯（2015）：《愛倫·坡暗黑故事全集上·下》。台北：月之海出版社。
娥蘇拉·勒瑰恩著，蔡美玲譯（2017）：《地海巫師》。台北：木馬文化出版社。

第四章

莫瑞·史丹著，黃壁惠、魏宏晉等譯（2012）：《英雄之旅：個體化原則概論》。台北：心靈工坊出版社。

瑪麗－路薏絲・馮・法蘭茲著，易之新譯（2011）：《榮格心理治療》。台北：心靈工坊出版社。
托爾金著，朱學恆譯（2012）：《哈比人》。台北：聯經出版社。
亞伯拉罕・馬斯洛著，梁永安譯（2020）：《動機與人格》。台北：商周出版社。
埃利希・佛洛姆著（2019）：《佔有還是存在？》。北京：世界圖書出版公司。
法蘭克・包姆著（2015）：《綠野仙蹤》。台北：國語日報出版社。
吉妲・桃樂絲・莫瑞那著，朱惠英、江麗美譯（2009）：《綠野仙蹤與心靈療癒》。台北：心靈工坊出版社。

下集圖片出處

p026 卡夫卡©Miss Sherry Birkin，FANDOM
p049、101 娥蘇拉・勒瑰恩©K. Kendall，Wikimedia Commons CC BY 2.0
p98 艾倫・知念：引用自CG Jung Institute of Chicago官網
p111 甘道夫：引用自ProxyFire，IMGBIN
p164 Dora Kalff：引用自sandplay ohio官網

故事裡的心理學—下 陰影與個體化

出　　版／楓樹林出版事業有限公司
地　　址／新北市板橋區信義路163巷3號10樓
郵政劃撥／19907596 楓書坊文化出版社
網　　址／www.maplebook.com.tw
電　　話／02-2957-6096
傳　　真／02-2957-6435
作　　者／鐘穎
企劃編輯／陳依萱
書封設計／許晉維
書封插畫／Jody Tseng
校　　對／黃薇霓
港澳經銷／泛華發行代理有限公司
定　　價／320元
出版日期／2021年1月

國家圖書館出版品預行編目資料

故事裡的心理學. 下, 陰影與個體化 / 鐘穎作. -- 初版. -- 新北市 : 楓樹林, 2020.12
面； 公分
ISBN 978-957-9501-95-8（平裝）
1. 心理學 2. 通俗作品
170　　109015568